Dieses Buch gehört:

Ein Geschenk von:

Datum:

Dieses Buch ist ein willkommenes Geschenk für die Gemeinde Jesu, da wir in einer Zeit leben, in der Ehekrisen und Ehescheidungen selbst unter Christen geradezu normal geworden sind. Auf einer biblischen Grundlage und zugleich praktisch und lebensnah fordert es Männer und Frauen auf, ihre Ehen mit Gott im Zentrum zu gestalten. Die Kapitel sind kurz und doch inhaltsreich. Sie schließen immer mit Fragen zur Reflexion, die in die Tiefe gehen und den Leser herausfordern, sämtliche Bereiche seiner Ehe zu überdenken. Es bietet sich daher hervorragend an, dieses Buch gemeinsam als Ehepaar zu lesen, sich darüber auszutauschen und um Veränderung zu beten. Ob du dich aktuell in einer Ehekrise befindest oder eine harmonische Ehe genießen darfst, dieses Buch verspricht großen Segen und wird garantiert eine Hilfe für deine Ehe sein.

Richard Friesen, *Pastor der Evangelisch-Baptistischen Christusgemeinde Waiblingen*

Martha Peace und John Crotts ermöglichen uns auf brillante Weise, die Ehe aus biblischer Sicht zu betrachten. Auf diese Weise helfen sie uns, das göttliche Geheimnis der Ehe und ihre Bedeutung besser zu verstehen und unsere Herzen für das Streben nach größerer Liebe und Einheit mit Christus und dem Ehepartner zu entflammen. Ich bin überzeugt, dass dieses Buch viel dazu beitragen kann, dass es mehr Ehen gibt, in denen Gott im Zentrum steht.

Niko Derksen, *Prediger und Lehrer der Reformierten Baptistengemeinde Reichshof*

Dieses Buch ist wie ein Schweizer Taschenmesser für deine Ehe. Nicht nur angenehm klein und handlich, sondern auch sorgfältig zusammengefügt und effektiv einsetzbar. Die Kapitel sind so kurz, dass selbst der stressige Ehe- und Familienalltag kein Hindernis ist, um sie zu lesen. Dieses Büchlein mit seinen gut durchdachten Fragen zur Anwendung ist wie ein Andachtsbuch, welches man als Ehepaar immer und immer wieder durchgehen und dennoch viel dazulernen kann. Ich bin einfach nur begeistert.

Peter Krell, *Pastor der Hoffnungskirche Kaiserslautern*

In diesem Buch zur Ehe gelingt es Martha Peace und John Crotts, das Thema einer christlichen Ehe in einen überaus wichtigen und hilfreichen Gesamtzusammenhang geistlicher Themen zu setzen. Von der persönlichen Gemeinschaft mit dem Herrn über praktische Themen wie Finanzen und Erziehung bis hin zur Notwendigkeit einer Ortsgemeinde werden die Beziehungsfragen mit Themen verknüpft, die viel zu oft in ihrem Einfluss auf die Ehe übersehen werden. Dennoch ist es nur ein kurzes, gut lesbares Buch, da die einzelnen Kapitel auf das Wesentliche reduziert sind. »Eine Ehe mit Gott im Zentrum« ist weniger ein umfassendes Ehekompendium als vielmehr ein verständiger Beistand zum direkten Austausch mit dem Ehepartner.

Die entscheidenden Themen der unterschiedlichen Rollen und Verantwortungsbereiche von Mann und Frau werden biblisch robust und gleichzeitig wunderbar ausgewogen und belebend dargelegt.

Praktische Fragen und Vorschläge für Gebetsanliegen führen aus der Theorie sogleich in die Beziehung mit dem Partner und mit dem Herrn.

Dieses Buch wird sowohl jungen als auch älteren Ehepaaren helfen, die Ehe und die dazugehörigen Fragen wieder in einen gesunden Kontext biblischer Lehre und christlicher Praxis zu stellen.

Nathanael Armisen, *Pastor der Evangelisch-Reformierten Baptistengemeinde Wetzlar*

MARTHA PEACE,
JOHN CROTTS

Eine Ehe mit Gott im Zentrum

Christlicher Verlag
Voice of Hope

1. Auflage 2024

Originaltitel: Tying the Knot Tighter

Veröffentlicht von P&R Publishing Company
Phillipsburg, New Jersey 08865-0817, U.S.A.

Eckenhagener Str. 43
51580 Reichshof-Mittelagger
www.voh-shop.de

Übersetzung, Lektorat und Design: Voice of Hope

Bestell-Nr. 875.6609
ISBN 978-3-98967-609-1

Soweit nicht anders vermerkt, wurden
die Bibelzitate der Schlachter-Bibel 2000 entnommen.

Inhalt

VERANTWORTUNGSBEREICHE

Danksagungen

Dieses Buch war die Idee von John Crotts, und er war so begeistert davon, dass ich bereitwillig zustimmte, es mit ihm zusammen zu schreiben. Es war eine Freude, mit John zusammenzuarbeiten, weil er so demütig ist und weil er mir in theologischen Fragen und bei einigen Feinheiten der Grammatik geholfen hat. Eine weitere Person, mit der es eine Freude war, zusammenzuarbeiten, war meine Tochter, Anna Maupin. Anna hat jedes Kapitel gewissenhaft redigiert, sich unsere Gedanken angehört, unsere unscharfen, vagen Sätze durchforstet und alles korrigiert. Vielen Dank auch an Marvin Padgett und Eric Anest von P&R Publishing für ihre Hilfe und Beratung bei diesem Projekt.

Martha Peace

Meine Frau Lynn, die früher professionelle Korrekturleserin war, hat es irgendwie geschafft, unser Manuskript zu korrigieren, während sie drei Töchter zu Hause unterrichtete und ein viertes Baby erwartete, einen Jungen! Außerdem möchte ich mich bei der Faith Bible Church bedanken. Ihr macht meine Arbeit zu einer Freude, und ihr wart die ersten, die all diese wesentlichen Informationen erhalten haben.

John Crotts

Der Herr ist derjenige, dem wir beide am meisten dankbar sind. Er ist wirklich überwältigend, und wir lieben Ihn. Möge Er dieses Buch in deinem Leben zu Seinem Ruhm und zu deinem Besten gebrauchen!

Einleitung

Lynn ist müde, während sie fröhlich unsere Koffer packt. Neben unserer Kleidung und dem Nötigsten hat sie auch unsere Bibeln, den Haushaltsplan und ein paar hilfreiche christliche Bücher dabei. Wir fahren in unseren jährlichen Eheurlaub. Nachdem wir die Kinder und das Kaninchen bei Freunden abgesetzt haben, fahren wir beide für ein paar Nächte in eine gemütliche Hütte in den Bergen von Nord-Georgia. Diese Urlaube haben sich als schöne Zeiten der Erholung erwiesen, in denen wir unsere Prioritäten neu setzen, unser Budget anpassen, uns auf Familienziele einigen, Spaß haben und uns gegenseitig auf unserem Weg mit Christus ermutigen.

Sich eine gemeinsame Auszeit zu nehmen, um die Grundlagen der Ehe aufzufrischen, ist entscheidend für den Erfolg eines Paares. Das gilt für alle christlichen Ehen. So wie die besten Spieler nie die Grundlagen ihres Sports vergessen, müssen auch christliche Paare regelmäßig an die Grundlagen einer christlichen Ehe erinnert werden. Dieses Buch soll dich an diese Grundlagen erinnern. Es setzt voraus, dass du über ein gewisses Maß an biblischem Hintergrundwissen verfügst oder Zugang zu anderen Hilfsmitteln wie Bücher und Predigten hast, um das zu ergänzen, was dir noch fehlt. Wir haben neunzehn Bereiche der Ehe herausgearbeitet, die biblische Lehre dazu zusammengefasst und dann eine Reihe von tiefgreifenden Fragen gestellt, die dir helfen sollen, eine Bestandsaufnahme über dich und deine Ehe zu machen.

WIE DU DIESES BUCH VERWENDEN KANNST

Dieses Buch kann nicht nur als wertvolle Lektüre für einen Eheurlaub dienen, sondern kann auch auf viele andere Arten verwendet werden. Jede Zeit des Jahres ist ein guter Zeitpunkt, um sich wieder auf die Grundlagen zu besinnen. Der Jahrestag eurer Hochzeit könnte ein solcher Zeitpunkt sein. Oder Paare lesen ein Kapitel pro Abend oder eines pro Woche, um eine Facette ihrer Ehe aufzufrischen.

Auch ein Mentorenpaar könnte dieses Material mit einem jungen Paar aus der Gemeinde durcharbeiten. Obwohl dieses Buch als Ergänzung zur vorehelichen Beratung verwendet werden kann, ist es wahrscheinlich zu kurz, um als Hauptquelle zu dienen. Ein Pastor oder Seelsorger könnte das Buch jedoch als Leitfaden für ein tiefergehendes Gespräch verwenden. Natürlich können alle Ehepaare in der Seelsorge auf die Kapitel verwiesen werden, die sich mit den Bereichen befassen, in denen sie sich schwer tun. Viele Männer und Frauen, die gut unterrichtet wurden, müssen nur an die klare Lehre der Bibel erinnert werden, um sich schnell wieder an Gottes Plan zu orientieren. Ein ehrliches Gespräch von Herz zu Herz, das sich auf die richtigen Dinge konzentriert, ist für Paare oft ein erstaunlicher Augenöffner.

WIE DU DAS BESTE AUS DEM BUCH MACHST

Auch wenn die Kapitel kurz und im Gesprächston geschrieben sind, zielt die Botschaft jedes Abschnitts darauf ab, den Kern der biblischen Lehre über den jeweiligen Bereich der christlichen Ehe zu erfassen. Du und dein Ehepartner, ihr werdet den größten Nutzen aus diesem Buch ziehen, wenn ihr die folgenden Ratschläge beachtet.

Erstens: Lies jeden Abschnitt sorgfältig durch. Es geht nicht darum, so schnell wie möglich durch das Buch zu kommen. Der Wunsch deines Herzens sollte sein, dem Herrn zu gefallen. Die Weisheit, die auf diesen Seiten steht, ist die Wahrheit Gottes aus Seinem Wort. So wie ein Teebeutel das dampfende Wasser verwandelt, kann Gottes verwandelndes Wort deine Seele erfüllen. Es kann hilfreich sein, sich Notizen zu machen, um den Prozess des Lesens zu verlangsamen. Wenn dir ähnliche Verse oder Prinzipien einfallen, die in dem Kapitel nicht erwähnt werden, schreibe sie auf. Wenn du deine Fragen aufschreibst, wirst du auch motiviert sein, nach den Antworten zu suchen.

Zweitens: Nimm die Anwendungsfragen ernst. Bei einer längeren Liste von Fragen ist es leicht, die schwierigeren zu überlesen. Auch hier kann es hilfreich sein, die Antworten in einem Notizbuch aufzuschreiben. Das gilt vor allem, wenn ihr beide, du und dein Partner, das Buch getrennt voneinander lest. Es ist einfacher, die Notizen zu vergleichen, als zu versuchen, sich an alle eure Gedanken aus der vorigen Woche zu erinnern.

Wir sagen denjenigen, die wir betreuen: Je mehr Mühe du dir mit deinen Antworten gibst, desto mehr wirst du und wird auch deine Ehe davon profitieren. Unüberlegte Antworten auf wichtige Fragen können mehr schaden als nützen. Bitte den Herrn, dir dein Herz zu zeigen. Bitte Ihn, dir zu helfen, bei deinen Antworten ehrlich und sorgfältig zu sein. Auch wenn es schmerzhaft sein könnte, wirst du niemals das bereuen können, was du nicht einsiehst oder zugibst. Der Arzt kann nicht heilen, was nie diagnostiziert worden ist.

Demütige dein Herz, während du deine Antworten deinem Ehepartner mitteilst. Mache es ihm leicht, dir Einblicke zu gewähren, die dir in eurer Ehe vielleicht entgangen sind, selbst wenn diese Einblicke deine Verfehlungen offenbaren. Es bringt nichts, einen Prüfsachverständigen hinzuzuziehen, der nur die Oberfläche abtastet, aber die potenziell schwerwiegenden strukturellen Mängel ignoriert. Was nützt es, wenn ein

Gebäude eine Prüfung besteht, aber später einstürzt? Höre auf die Weisheit aus Sprüche 9,7-9:

> *»Wer einen Spötter züchtigt, holt sich Beschimpfung, und wer einen Gesetzlosen zurechtweist, der holt sich Schmach. Weise nicht den Spötter zurecht, damit er dich nicht hasst; weise den Weisen zurecht, und er wird dich lieben! Gib dem Weisen, so wird er noch weiser werden; belehre den Gerechten, so wird er noch mehr lernen!«*

Drittens: Suche nach Hilfsmitteln, um tiefer zu graben. Wie wir bereits gesagt haben, kratzt dieses Buch nur an der Oberfläche. Wenn ein oder zwei der Kapitel in diesem Buch Mängel in deiner Ehe aufdecken, nimm dir die Zeit, gründlichere Bibelstudien zu diesen Themen durchzuarbeiten, und hole dir Hilfe, wenn es nötig ist. Unsere Ehen sind Geschenke des Herrn. Sie sind die zusätzliche Investition wert!

Da die Ehe ein Leben lang währt, beten wir, dass der Herr in euren Herzen wirkt, wenn ihr euch an das Wesentliche einer christlichen Ehe erinnert und euer Leben im Licht der Heiligen Schrift sorgfältig prüft. Tut Buße, wo es nötig ist.

Ermutigt oder tröstet euch gegenseitig, wo ihr es braucht. Schaut immer auf den Herrn und Sein wunderbares Werk am Kreuz, um die Gnade der Vergebung für eure Verfehlungen zu erhalten und um euch zu Wachstum und Veränderung zu motivieren.

1

Grundlagen

1.

Liebe zum Herrn

Erinnerst du dich an die Zeit, als du und dein Verlobter zusammen ausgegangen seid – vor langer Zeit, als du es kaum erwarten konntest, das Telefon klingeln zu hören oder den Abend so schnell wie möglich zu erreichen, damit ihr gemeinsam zu eurer Verabredung gehen konntet? Du hast dir Gedanken darüber gemacht, was du anziehen und wie lange du brauchen würdest, um dich fertig zu machen. Ihr habt euch gegenseitig mehr als alles andere begehrt. Ihr habt euch nach dem Tag gesehnt, an dem ihr Mann und Frau sein und viel mehr Zeit miteinander verbringen könntet. Ihr habt diesen Tag herbeigesehnt, weil ihr euch gegenseitig geliebt und begehrt habt.

Aber ein Christ hat noch jemanden, nach dem er sich sehnt, den er begehrt und den er noch mehr liebt als seinen Mann oder seine Frau. Diese andere Person ist natürlich unser Herr Jesus Christus.

»Ihn liebt ihr, obgleich ihr Ihn nicht gesehen habt« (1.Pt. 1,8). Wir sehen Ihn jetzt noch nicht, denn Er ist mit all Seiner Herrlichkeit und Majestät im Himmel. Hör auf die aussagekräftigen Worte des Psalmisten Asaph:

> *»Wen habe ich im Himmel [außer Dir]? Und neben Dir begehre ich nichts auf Erden! Wenn mir auch Leib und Seele vergehen, so bleibt doch Gott ewiglich meines Herzens Fels und mein Teil.*
>
> *Denn siehe, die fern von Dir sind, gehen ins Verderben; Du vertilgst alle, die Dir hurerisch die Treue brechen. Mir aber ist die Nähe Gottes köstlich; ich habe GOTT, den Herrn, zu meiner Zuflucht gemacht, um alle Deine Werke zu verkünden.« (Ps. 73,25-28)*

Die wichtigste Beziehung, die ein Mensch jemals haben kann, ist die Beziehung zum Herrn, und deine Liebe zu Ihm ist der grundlegendste Ausdruck dessen, was es bedeutet, Christ zu sein. Diejenigen, die den Herrn lieben, haben einen Hunger und Durst danach, so gerecht zu sein, wie Er gerecht ist. Sie sind Ihm sowohl dankbar als auch gehorsam. Sie vertrauen dem Herrn und lieben nicht nur Ihn, sondern auch ihre Glaubensgeschwister in Christus.

Das Verlangen nach dem Herrn und die Liebe zu Ihm sind für Mann und Frau das Wichtigste, wenn sie eine Ehe führen wollen, die Gott verherrlicht. Wenn sie den Herrn nicht lieben, können sie einander nicht so lieben, wie Gott es beabsichtigt. Was ist mit dir und deiner Ehe? Denke darüber nach, während du dir die folgenden Fragen stellst.

Fragen zur Reflexion und Anwendung

- Bist du dir sicher, dass du dein Vertrauen auf Christus und nur auf Ihn allein gesetzt hast?
- Denkst du oft an den Herrn?
- Sprichst du in deinem Herzen (in deinen Gedanken) mit Ihm?
- Ist es für diejenigen, die dich gut kennen, offensichtlich, dass dein Herz für den Herrn schlägt?
- Liebst du den Herrn sogar mehr als deine Familie?
- Ist dein Leben mehr von Gottvertrauen oder von Sorgen geprägt?
- Ist dein Leben von Gehorsam gegenüber der Heiligen Schrift geprägt?
- Siehst du mit Freude dem entgegen, was Gott in deinem Leben tun wird?
- Wenn wir den Herrn fragen könnten, würde Er sagen, dass du ein dankbares Kind bist?
- Ist dein Gehorsam gegenüber dem Herrn Jesus von Freude motiviert?
- Auf welche Weise überträgt sich deine Liebe zu Gott auf die Beziehung zu deinem Ehepartner?

Anregungen zum Gebet

Der *einzige* Grund, warum wir unseren gnädigen und heiligen Herrn lieben können, ist, dass Er uns zuerst geliebt hat. Staune darüber, dass Er an unserer Stelle gestorben ist und uns von unseren Sünden gereinigt hat. Beuge dich vor Ihm und bete Ihn an. Drücke Ihm deine Dankbarkeit aus.

Bitte Ihn um ein Herz wie das des Psalmisten, der nichts auf der Welt begehrte außer Ihm. Bitte Ihn um Hilfe, den ganzen Tag an Ihn zu denken und Ihm deine Liebe durch Dankbarkeit und Gehorsam zu zeigen.

Empfehlenswerte Bücher zur Vertiefung

J.I. Packer

GOTT ERKENNEN

Herold Verlag
Bestell-Nr.: 814.075

John MacArthur

JESUS ALLEIN

VOH-Verlag
Bestell-Nr.: 875.283

2.

Das Bibellesen

Marthas Tochter Anna hat fünf Kinder, und die beiden jüngsten sind Jungs. Matthew ist knapp drei Jahre alt und Noah eineinhalb. Es ist immer interessant, mit den beiden zu essen. Matthew ist zu beschäftigt, um sich hinzusetzen und zu essen. Er spielt mit seinem Essen, spielt mit der Person neben ihm oder bettelt nach drei oder vier Bissen darum, vom Tisch aufstehen zu dürfen. Oft hört man jemanden sagen: »Matthew, ISS!« Noah dagegen liebt es, zu essen. Er isst alles, was er sieht, und ist schon fast so groß wie Matthew, obwohl er jünger ist. Es scheint, je mehr Noah isst, desto mehr will er. Matthew hat keine Lust, viel zu essen, weil ihm andere Dinge viel wichtiger sind.

Das Bibellesen kann wie der Appetit von Matthew sein (nicht wirklich hungrig, leicht abzulenken) oder wie der Appetit von Noah (kann es kaum erwarten zu essen – je mehr, desto besser). So wie Noah sein Essen verzehrt, sollten auch Ehemänner und Ehefrauen regelmäßig und beständig Gottes Wort zu sich nehmen. Gottes Wort sollte wie ein kostbarer Schatz sein; die Heilige Schrift selbst erinnert uns daran:

> *»Seid als neugeborene Kindlein begierig nach der unverfälschten Milch des Wortes, damit ihr durch sie heranwachst« (1.Pt. 2,2).*

Je mehr du die Heilige Schrift liest, darüber nachsinnst und sie auswendig lernst, desto größer wird dein Verlangen nach mehr. Sie sollte sogar so wertvoll für uns sein, dass wir eine Haltung wie Hiob einnehmen. Er sagt: *»Die Worte Seines Mundes bewahrte ich mehr als meine Grundsätze« (Hi. 23,12).*

Die Bedeutung des Bibellesens kann gar nicht hoch genug eingeschätzt werden, denn die ganze

Schrift wurde uns zur Unterweisung gegeben und ist nützlich, um uns zu lehren und zurechtzuweisen (2.Tim. 3,16). Außerdem sollen sich Christen von Gottes Wort ernähren und die Schrift kennen, damit sie nicht durch falsche Lehren verführt werden.

Der Psalmist sagt uns, dass wir durch Gottes Wort Weisheit und Verständnis erlangen (Ps. 119,98-99). Das Lesen der Heiligen Schrift ist eine Möglichkeit dazu, dass Gottes Wort in uns bleibt (Joh. 15,7). Da es ein Gebot ist, in der Erkenntnis unseres Herrn zu wachsen (2.Pt. 3,18), sollte das Bibellesen eine Priorität und regelmäßige Disziplin im Leben eines jeden Ehemannes und einer jeden Ehefrau sein.

Was ist mit dir? Bist du eher wie Matthew, der in seinem Essen herumstochert, oder wie Noah, der sich am Essen erfreut? Denk über dein Leben und deine Prioritäten nach, während du die folgenden Fragen beantwortest.

Fragen zur Reflexion und Anwendung

- Wie viel Zeit verbringst du pro Tag mit dem Lesen der Heiligen Schrift?
- Gehört das tägliche Bibellesen zu deiner Routine?
- Zu welcher Tageszeit würdest du am ehesten konsequent in der Bibel lesen?
- Hast du schon einmal die ganze Bibel durchgelesen?
- Hat das Bibellesen in deinem Leben eine solche Priorität, dass du bereit bist, früher aufzustehen oder früher ins Bett zu gehen, damit du am nächsten Tag frisch und munter bist, um deine Bibel zu lesen?
- Führst du manchmal Tagebuch über das, was Gott dich durch Sein Wort lehrt?
- Wenn du von Sünde in deinem Leben überführt wirst, konzentrierst du dich dann auf bestimmte Bibelstellen, die dir helfen, dich durch Gottes Gnade zu verändern?
- Kennst du die Heilige Schrift gut genug, um dich nicht von falschen Lehrern verführen zu lassen?
- Lest ihr, du und dein Ehepartner, gemeinsam die Heilige Schrift?
- Wendet ihr euch an die Heilige Schrift, um Antworten auf die Fragen des Lebens zu finden?

Anregungen zum Gebet

Wie erstaunlich ist es, dass Gott uns Sein Wort gegeben hat, und dass jedes Wort sowohl wahr als auch kraftvoll ist. Er ist weise und überaus barmherzig. Er ist Derjenige, der unseren Verstand durch die Wahrheiten der Heiligen Schrift erleuchtet. Durch Sein Wort warnt Er uns und gibt uns Weisheit, und wir wachsen in der Christusähnlichkeit.

Bitte Ihn, dass Er in dein Herz eine Sehnsucht nach Seinem Wort hineinlegt, die so groß ist wie die Sehnsucht eines Babys nach der Milch seiner Mutter. Bitte Ihn darum, dass Er dir ein solches Verlangen nach der Heiligen Schrift schenkt, dass du, egal wie viel du schon gelernt hast, nur noch mehr davon begehrst.

Empfehlenswerte Bücher zur Vertiefung

John MacArthur

WIE MAN DIE BIBEL STUDIERT

VOH-Verlag
Bestell-Nr.: 875.461

Artur W. Pink

VOM WORT GOTTES PROFITIEREN

VOH-Verlag
Bestell-Nr.: 875.469

3.

Ein Mensch des Gebets

Ein Sprichwort besagt: »Die Familie, die zusammen betet, bleibt zusammen.« Das stimmt zwar bis zu einem gewissen Grad, aber eine Familie, die zusammen betet, muss auch von einem Ehemann und einer Ehefrau gestützt werden, die beide allein beten! Wenn du der beste Ehepartner sein willst, der du sein kannst, musst du ein Mensch des Gebets sein.

Das Gebet sorgt dafür, dass deine Prioritäten richtig geordnet sind. Letztendlich können der Abwasch und der Rasen warten; aber deine Beziehung zu Gott kann nicht warten. Das Bedürfnis nach Gebet ist ein Eingeständnis dessen, dass du nicht der perfekte Ehepartner bist! Du brauchst die Hilfe Gottes. Gott benutzt das Gebet, um dich in den Mann oder die Frau zu verwandeln, die Er aus dir machen will.

Wie beim Sport ist auch im Gebet *Beständigkeit* besser als ein großer Ansturm alle paar Wochen. Geistliches Wachstum erfordert eine gute Gewohnheit des täglichen Gebets. Die Bibel sagt, dass wir *»ohne Unterlass«* beten sollen (1.Thess. 5,17). Du musst nicht über lange Zeiträume beten, damit es dir förderlich ist, sondern du musst konsequent den Herrn suchen. Erstelle einen Gebetsplan – schreibe ihn in ein Notizbuch, in deinen Computer, dein Smartphone oder auf Karteikarten, die du vor dir liegen hast.

In der Bibel gibt es viele verschiedene Arten des Gebets. Vor allem in den Psalmen kommen der Lobpreis, die Danksagung, das Sündenbekenntnis und die Liebe zum Herrn sowie das Vertrauen auf Ihn zum Ausdruck. Alle diese Bereiche können in deinen Gebetsplan aufgenommen werden. Du könntest zum Beispiel für jeden Tag der Woche eine andere Eigenschaft Gottes auswählen, für die du Ihn preisen möchtest. Zusätzlich zu diesen Gebetsbereichen sollte dein Plan auch einige persönliche Anliegen enthalten, für die du Gott um Hilfe bittest.

BETE FÜR DICH SELBST

Es ist ganz wichtig, dass du für dich selbst betest. Du weißt besser als jeder andere, wie sehr du dich noch bemühen musst, um ein gottgefälliger Ehemann oder eine gottgefällige Ehefrau zu werden. Bitte Gott um Seine mächtige Hilfe! Bitte Ihn darum, dich gottesfürchtig, weise, besser in deiner Rolle in der Ehe, barmherzig, heilig und demütig zu machen. Finde deine Schwachstellen heraus und bete gezielt darüber. Frag deinen Ehepartner, an welchen Bereichen du seiner Meinung nach arbeiten musst, und bring diese dann vor den Herrn.

> *»Erforsche mich, o Gott, und erkenne mein Herz;*
> *prüfe mich und erkenne, wie ich es meine;*
> *und sieh, ob ich auf bösem Wege bin,*
> *und leite mich auf dem ewigen Weg!«*
>
> *(Ps. 139,23-24)*

Ein Beispiel für einen Bereich, über den du beten solltest, ist Stolz. (Wenn du bezweifelst, dass dies auf dich zutrifft, brauchst du wahrscheinlich zusätzliche Hilfe!) Inwiefern würde sich deine Ehe verbessern, wenn du weniger egoistisch und stattdessen demütiger wärst? Du kannst sicher sein, dass du gemäß dem Herzen Gottes betest, wenn du Ihn um Demut bittest. Er wird dein Gebet gern erhören, denn *»Gott widersteht den Hochmütigen; den Demütigen aber gibt Er Gnade« (1.Pt. 5,5)*. Dein Leben wird sich verändern und deine Ehe wird sich verändern, weil du gegen deinen Stolz gebetet hast.

BETE FÜR DEINEN EHEPARTNER

Für deinen Partner zu beten ist eine wunderbare Möglichkeit, gemäß deiner Rolle im Zuhause zu leben. Ein Ehemann übernimmt die geistliche Verantwortung für seine Familie, wenn er sie vor den Thron Gottes erhebt. Eine Ehefrau gibt ihrem Mann eine enorme geistliche Hilfe, wenn sie für ihn betet.

Du kannst deinen Partner nicht ändern – aber Gott kann es. Es ist entscheidend, für ihn zu beten.

Sprich die Bereiche im Gebet gezielt an, in denen dein Partner wachsen muss. Tauscht euch miteinander über eure Belastungen und Schwachstellen aus. Achte darauf, dass du Gott auch für deinen Partner dankst. Werde konkret. Jede gute Gabe kommt von Gott. Danke Gott für jede Tugend deines Ehepartners.

BETE FÜR EURE KINDER

Wenn der Herr euch mit Kindern gesegnet hat, solltet ihr sie zu einem besonderen Objekt des Gebets machen. Bitte den Herrn um ihre Errettung! Bitte Ihn, ihnen einen gottesfürchtigen, christlichen Charakter zu geben. Bete darum, dass sie euch ehren und gehorchen, und bete darum, dass ihr die Gnade habt, sie im Herrn zu erziehen und zu ermahnen. Auch wenn ihr ihre zukünftigen Ehepartner nicht kennt – Gott kennt sie. Daher solltet ihr Ihn um gute Ehepartner für eure Kinder bitten.

Gemeinsam zu beten und dabei zu bleiben, ist wirklich großartig. Aber um das Beste für deine

Familie zu erreichen, solltest du auch selbst ein Mensch des Gebets sein. Wenn du Gott suchst, wirst du Ihm immer ähnlicher. Je ähnlicher du Ihm wirst, desto mehr werden sich dein Leben und deine Ehe verändern!

Fragen zur Reflexion und Anwendung

- Betest du?
- Gibt es Abwechslung in deinen Gebeten?
- Für welche Bereiche kannst du Gott preisen?
- Wofür kannst du Gott danken?
- Gibt es Sünden, die du Gott bekennen musst?
- Für welche Problembereiche musst du am meisten beten?
- Was würde dein Ehepartner sagen, was deine oder seine Problembereiche sind?
- Wofür bist du in Bezug auf deinen Ehepartner dankbar?
- Betest du jeden Tag namentlich für deine Kinder?
- Betest du in dem Glauben, dass Gott deine Gebete in Übereinstimmung mit Seinem Willen beantworten kann und wird?

Anregungen zum Gebet

Unser Vater im Himmel ist ein so wunderbarer und gnädiger Gott, dass Er uns durch das Werk Jesu Zugang in Seine unmittelbare Gegenwart gewährt hat. Staune darüber und bitte Ihn um Hilfe zu beten!

Bete zu Ihm bezüglich deiner Unzulänglichkeiten und denen deines Ehepartners und eurer Kinder. Bitte Ihn vor allem darum, dass Er dir ein Herz gibt, das in Seiner Gegenwart sein möchte. Bitte Ihn, dass Er dich mit einem solchen Staunen über Seine Liebe und Barmherzigkeit dir gegenüber erfüllt, dass du es kaum erwarten kannst, immer wieder bei Ihm zu sein.

Empfehlenswerte Bücher zur Vertiefung

J.C. Ryle

BETEN SIE?!

3L-Verlag
Bestell-Nr.: 863.883

Thomas Brooks

GEBET – DER GEHEIME SCHLÜSSEL ZUM HIMMEL

3L-Verlag
Bestell-Nr.: 863.501

4. Deine Familie in Gottes Familie

Du warst niemals dazu bestimmt, als Christ ganz allein zu wachsen. Genauso wenig solltet ihr als christliches Ehepaar in der Isolation reifen. Damit du als einzelner Gläubiger und ihr als Paar alles sein könnt, was ihr durch Gottes Gnade sein könnt, muss deine Familie mit einer lokalen Ausdrucksform von Gottes Familie verbunden sein.

Die Gemeinde unseres Herrn liegt Gott sehr am Herzen. In 1. Timotheus 3,15 nennt Paulus die Gemeinde das »*Haus Gottes, welches die Gemeinde des lebendigen Gottes ist, der Pfeiler und die Grundfeste der*

Wahrheit«. Eine Gemeinde ist eine Ausdrucksform des Hauses Gottes, Seines Besitztums, mit einer ernsten Verantwortung, die Wahrheit Gottes in der Welt hochzuhalten. An anderen Stellen nennt die Bibel die Gemeinde den *»Leib des Christus« (1.Kor. 12,27)* und sagt, dass sie mit dem Blut Christi erkauft wurde (Apg. 20,28).

Gott hat die einzelnen Christen dazu bestimmt, von einer Vielzahl anderer Christen umgeben zu sein – junge, alte, alleinstehende, solche mit großen Familien, reiche, arme, mehr oder weniger reife und so weiter. Das Bild des einen Leibes mit vielen Gliedern (1.Kor. 12) verdeutlicht Gottes Absicht. Ganz gleich, was du mitbringst – du wurdest geschaffen, um eine Aufgabe in der Gemeindefamilie zu übernehmen. Als ein Teil des Leibes bist du mit deinen Gaben und Fähigkeiten entscheidend für den Erfolg des Ganzen, und du brauchst den Rest des Leibes, um den Plan Gottes zu verwirklichen. Christen sind voneinander abhängig.

Wusstest du, dass es im Neuen Testament mehr als fünfundvierzig Gebote gibt, die man nicht allein erfüllen kann? Jedes dieser Gebote enthält den Ausdruck »einander«. Uns wird befohlen, einander zu lieben, zu dienen, zu ermahnen und zu ermutigen. In Hebräer 10,24-25, das oft als Hauptgebot für die aktive Teilnahme an einer Gemeindefamilie zitiert wird, werden wir ermahnt:

> *»Lasst uns aufeinander achtgeben, damit wir uns gegenseitig anspornen zur Liebe und zu guten Werken, indem wir unsere eigene Versammlung nicht verlassen, wie es einige zu tun pflegen, sondern einander ermahnen, und das umso mehr, als ihr den Tag herannahen seht!«*

Es ist unmöglich, eines dieser Gebote allein zu erfüllen. Sie sind auch nicht dazu gedacht, nur in den eigenen vier Wänden erfüllt zu werden. Wenn du Gott in deiner Beziehung zu deinem Ehepartner ehren möchtest, muss deine Familie ein wichtiger Teil einer örtlichen Gemeinde sein!

Du und dein Haus werdet unglaubliche persönliche Segnungen durch eure Zugehörigkeit zum Haus Gottes erfahren. Die Gemeinde wird von einem Team aus gottesfürchtigen Männern geleitet. Diese Ältesten geben dir Unterweisung, die Verantwortlichkeit zur Rechenschaftspflicht, Rat, Beispiel und Führung. Darüber hinaus weist Titus 2 die älteren Frauen in der Gemeinde an, die jüngeren Frauen in allen möglichen praktischen Dingen zu unterweisen. Die anderen Familienmitglieder werden eine ständige Quelle des Segens und der Ermutigung sein, während der Leib sich immer mehr zur christlichen Reife aufbaut (Eph. 4,11-16).

Manche Paare rechtfertigen es, in einer schlechten Gemeinde zu bleiben, um dort einen guten Einfluss auszuüben.

- Aber was geschieht, wenn ihr geistliche Bedürfnisse habt?
- Wie könnt ihr weiterhin wachsen, wenn ihr keine geistliche Nahrung erhaltet?
- Wer wird euch in den dunklen Tagen der Prüfung beistehen?
- Wer wird euren Kindern ein gottesfürchtiges Vorbild sein?
- Wer wird den Mut, die Besorgnis und die Fähigkeit aufbringen, dich oder deinen Ehepartner zur Rede zu stellen, wenn ihr in Sünde fallt?

Keine Gemeinde ist perfekt. Jeder von uns trägt die Verantwortung dafür, dass die Gemeinde, zu der wir gehören, so biblisch wie möglich ist. Aber damit ihr, du und deine Familie, gedeihen könnt, solltet ihr euch eine bibeltreue Gemeinde suchen, der ihr beitreten könnt, und solltet dort dem Herrn von ganzem Herzen dienen.

Fragen zur Reflexion und Anwendung

- Was sind die Merkmale einer bibeltreuen Gemeinde?
- Kannst du deine Antwort mit der Heiligen Schrift belegen?
- Bist du Mitglied einer solchen Gemeinde?
- Auf welche Weise seid ihr, du und dein Ehepartner, Teil der Gemeindefamilie?
- Dient ihr einander gemeinsam oder getrennt?
- Welche zwei Ehepaare in der Gemeinde sind für euch Vorbilder in der Gottesfurcht?
- Wann habt ihr sie zuletzt zu euch nach Hause eingeladen?
- Welche zwei Paare in eurer Gemeinde brauchen euer Vorbild?
- Wann habt ihr sie zuletzt zu euch nach Hause eingeladen?
- Auf welche Weise lernt ihr das Wort Gottes in der Gemeinde kennen?

- Bist du so sehr mit deinem Dienst beschäftigt, dass du keine geistliche Nahrung bekommst?
- Auf welche Weise setzt du deine geistlichen Gaben in deiner Gemeinde ein?
- Liebst du die anderen in deiner Gemeinde, und dienst du ihnen?
- Vermittelst du deinen Kindern die Liebe zur Gemeinde?

Anregungen zum Gebet

Gott hat die Gemeinde dazu geschaffen, die Braut Seines Sohnes zu sein. Dankt Ihm dafür, dass Er euch das Privileg gegeben hat, Teil dessen zu sein und an Seinem großen Plan mitzuwirken. Seid nicht mit eurer bloßen Anwesenheit zufrieden.

Bittet Ihn um ein Herz, das sich daran erfreut, regelmäßig die Gottesdienste eurer Gemeinde zu besuchen, um gemeinsam mit den Brüdern und Schwestern eurer Gemeindefamilie den Herrn Jesus anzubeten. Bittet Ihn um die Möglichkeit, die Menschen um euch herum zu erbauen, damit sie Jesus ähnlicher werden. Möge eure Gemeinde zu einem Ort werden, an dem das Licht Jesu hell leuchtet und von dem aus es in eure Umgebung und in die Welt strahlt.

Empfehlenswerte Bücher zur Vertiefung

Wayne Mack und David Swavely

LEBEN IM HAUS DES VATERS

CMD
Bestell-Nr.: 253.131

Niko Derksen (Hrsg.)

DIE KRAFT DES EVANGELIUMS

VOH-Verlag
Bestell-Nr.: 875.309

5.

Miteinander wachsen

Die Ehe bietet unglaubliche Möglichkeiten für zwei Menschen, als Christen zu wachsen. Die Vertrautheit zwischen Mann und Frau öffnet Türen, die zu beiderseitigem Nutzen verwendet werden können. Niemand wird dich jemals besser verstehen als dein Ehepartner. Niemand wird deine geistlichen Stärken mehr zu schätzen wissen, und niemand wird dich in deinen schlimmsten Momenten mehr kennenlernen als dein Ehepartner. Er weiß sogar, wie und wann du in Versuchung gerätst.

Im besten Fall bedeutet das, dass wir uns gegenseitig helfen können, geistlich schwierige Zeiten durchzustehen – zum Beispiel mit einer Verheißung aus der Bibel am Ende eines harten Tages. Im schlimmsten Fall bedeutet es, dass wir genau wissen, wie wir uns gegenseitig provozieren können! Anstatt euch gegenseitig zu provozieren, nutzt die unzähligen Möglichkeiten und Ressourcen, mit denen der Herr euch als christliches Ehepaar gesegnet hat, um immer weiter und weiter geistlich zu wachsen!

FAMILIENANDACHTEN

Familienandachten können so einfach sein, wie einen Abschnitt aus der Bibel oder einem Andachtsbuch nach dem Abendessen zu lesen, ein christliches Lied zu singen und gemeinsam zu beten. Beständigkeit ist wichtiger als die Zeitdauer oder gar die Tiefe des behandelten Themas. Findet eine Zeit, zu der ihr normalerweise zusammen seid (in unserer Familie ist es das Abendessen). Legt eine Bibel mit einem Lesezeichen auf den Tisch. Nehmt euch vor, sie jedes Mal zu lesen, wenn ihr zusammen seid.

GEMEINSAM BETEN

Wir haben bereits gesehen, welche Auswirkungen das individuelle Gebetsleben einer Person auf ihre Ehe hat. Aber wenn sich zwei Menschen gemeinsam Gott nahen, entdecken sie, dass sie sich gleichzeitig auch einander näherkommen.

Macht es euch zur Gewohnheit, euch regelmäßig gegenseitig um Gebetsanliegen zu bitten. Auch wenn ihr euch bemühen solltet, ständig persönlich füreinander zu beten, ist es manchmal ratsam, innezuhalten und eine gewisse Zeit mit dem Herrn im Gebet zu verbringen – genau dort. Gott fordert uns auf, alle unsere Sorge auf Ihn zu werfen, weil Er für uns sorgt (1.Pt. 5,7). Die Sorgen von Ehepaaren können eine Familie erdrücken. Nutze das Angebot des Herrn, diese Sorgen auf Seinen starken Schultern abzuladen!

AUSTAUSCH

Zu viele Paare wachsen geistlich isoliert voneinander. Nehmt euch Zeit, euch gegenseitig auszutauschen. Was liest dein Mann in letzter Zeit in seiner Bibel? Mit wem trifft sich deine Frau zur geistlichen Ermutigung? Liest dein Ehepartner ein hilfreiches Buch? Solltest du dir die Zeit nehmen, es nach ihm auch zu lesen, wenn er damit fertig ist?

Geht es hier um Verantwortlichkeit? Teilweise, aber es sollte viel mehr sein, als sich gegenseitig anzuspornen, treuer zu sein. Hebräer 3,13 gebietet uns allen:

> *»Ermahnt einander vielmehr jeden Tag, solange es ›heute‹ heißt, damit nicht jemand unter euch verstockt wird durch den Betrug der Sünde.«*

Dieses Gebot richtete sich an eine Gruppe verfolgter Menschen, die versucht waren, sich wieder dem Judentum und dem Gesetz zuzuwenden. Der Vers zeigt aber auch, dass unsere Herzen wie Knetmasse sind – sie trocknen aus und werden hart, wenn sie nicht das tägliche Wasser der Ermutigung, des Trostes oder der Ermahnung erhalten.

Lasst niemals zu, dass die Hektik des Lebens die Zeit verdrängt, gemeinsam über die Sache des Herrn zu sprechen. Die Welt, das Fleisch und der

Teufel (ganz zu schweigen von dem schreienden Kleinkind) werden sich gegen solche Gespräche wehren. Kämpfe dagegen an! Es ist die Mühe wert, mit deinem Ehepartner zu reden. Wie könnt ihr eure Aufgaben in der Familie als Leiter oder Helfer erfüllen, wenn ihr euch nicht gegenseitig an eurem geistlichen Leben teilhaben lasst?

GEMEINSAM DIENEN

Es gibt eine Menge Möglichkeiten, dem Herrn zu dienen. Man könnte sagen, dass jede Person, die du in der Gemeinde siehst, eine Gelegenheit zum Dienen darstellt. Viele Familien werden jedoch auseinandergerissen, wenn sie ihre Energie für den Dienst in verschiedene Richtungen einsetzen.

Dem Herrn in verschiedenen Bereichen zu dienen, ist nicht falsch und manchmal sogar notwendig; aber sucht auch nach Möglichkeiten, Ihm gemeinsam zu dienen. Da die meisten Paare unterschiedliche Gaben, Talente und Interessen haben, solltet ihr nach Wegen suchen, wie ihr eure Stärken im gemeinsamen Dienst einsetzen könnt. Keiner von euch sollte egoistisch sein, aber die Ehefrau hat auch die besondere Aufgabe, ihrem Mann zur Seite zu stehen und ihn zu ehren (1.Kor. 11,7).

Ein solcher Dienst könnte einige geistliche Stärken oder Schwächen ans Licht bringen, die zuvor voreinander verborgen waren, und so noch mehr Möglichkeiten bieten, deinen Ehepartner zu ermutigen oder herauszufordern und gemeinsam geistlich zu wachsen.

Fragen zur Reflexion und Anwendung

- Finden bei euch zu Hause regelmäßig Familienandachten statt?
- Betest du gemeinsam mit deinem Ehepartner?
- Welche Gebetsanliegen liegen deinem Partner am meisten am Herzen?
- Wann habt ihr euch das letzte Mal geistlich miteinander ausgetauscht?
- Gibt es Bereiche, in denen dein Partner Trost, Ermutigung oder Herausforderung benötigt?
- Welche Bücher hat dein Partner gelesen?
- Habt ihr schon mal ein Buch gemeinsam gelesen und darüber diskutiert, während ihr es durchgelesen habt?
- Welche Möglichkeiten gibt es, dem Herrn gemeinsam als Paar zu dienen?

Anregungen zum Gebet

Dein Ehepartner ist ein Geschenk von Deinem Vater im Himmel. Er wusste, wie viel Hilfe du brauchen würdest, um Ihm auf der Erde bestmöglich folgen zu können. Von allen Möglichkeiten, die Er dir zur Seite stellen konnte, hat Er dieses wunderbar weise Mittel gewählt. Danke Ihm dafür!

Bitte Ihm, dir zu helfen, demütig zu sein, während dein Partner dir hilft, in der Gnade und Erkenntnis Christi zu wachsen! Bitte Ihn auch darum, dass du deinem Partner eine gute Hilfe sein kannst, um geistlich zu wachsen! Bittet den Herrn, Ihn gemeinsam besser zu verherrlichen, als ihr es einzeln jemals könntet!

Empfehlenswerte Bücher zur Vertiefung

R.C. Sproul

GOTT WOHLGEFÄLLIG LEBEN

VOH-Verlag
Bestell-Nr.: 875.276

Matthew Henry

EINE FAMILIE MIT GOTT IM ZENTRUM

VOH-Verlag
Bestell-Nr.: 875.270

2

Die Rollen

6.

Ein liebevoller Leiter

Die Bibel sagt, dass Ehemänner ihre Familien führen sollen. Ein falsches Verständnis von Führung kann jedoch in die Irre führen! Autokratisch Befehle von einem weichen Sessel herauszubrüllen, entspricht nicht der biblischen Vorstellung von einem gottesfürchtigen Ehemann.

Das Hauptgebot für Ehemänner in der wichtigsten Passage über die verschiedenen Rollen in der Ehe lautet nicht, deine Frau zu führen – das wird vorausgesetzt. Das Hauptgebot ist, deine Frau zu lieben. In Epheser 5,25 heißt es:

»Ihr Männer, liebt eure Frauen, gleichwie auch der Christus die Gemeinde geliebt hat und sich Selbst für sie hingegeben hat.«

Schwärmerei und Verliebtheit sind nicht unbedingt erforderlich, wenn es um die Erfüllung dieser Art von Liebe geht. Romantische Gefühle sind wichtig, aber das Feuerwerk der Flitterwochen hält kaum länger als zwei Jahre an, wenn du nicht gewissenhaft an dir arbeitest. Echte biblische Liebe entsteht aus warmen, selbstlosen Gedanken gegenüber deiner Frau. Diese Gedanken entfachen die Flammen einer liebevollen Haltung. Daraufhin folgen Handlungen des aufopferungsvollen Dienstes. Gleichzeitig werden sich liebevolle Gefühle in den Prozess hineinmischen.

Passivität und Nachgiebigkeit sind zwei weitere Fälschungen der biblischen Liebe, die der echten Liebe nicht gerecht werden. Du bist der Leiter deines Hauses.

»Ihr Frauen, ordnet euch euren eigenen Männern unter als dem Herrn; denn der Mann ist das Haupt der

Frau, wie auch der Christus das Haupt der Gemeinde ist; und Er ist der Retter des Leibes« (Eph. 5,22-23).

Das Gebot, deine Frau zu lieben, setzt die Tatsache, dass du das Haupt bist, nicht außer Kraft, sondern es gibt deiner Leiterschaft die Richtung vor. Wenn du dich dafür entscheidest, den Frieden zu bewahren, indem du immer alles so machst, wie sie es möchte, ist das keine Führung und auch nicht wirklich liebevoll.

In gewissem Sinne ist das Gegenteil von echter Liebe nicht Hass, sondern Egoismus. Das Vorbild Jesu für die Liebe ist, dass Er Sein Leben am Kreuz völlig hingab, um die wirklichen Bedürfnisse Seines Volkes zu erfüllen, indem Er Sühnung leistete für ihre Sünden. Ehemann, du bist dazu berufen, deiner Frau zu dienen und ihre Last zu tragen. Du solltest dich bemühen, ihre wahren biblischen Bedürfnisse zu erfüllen. Manchmal bedeutet das, sie mit ihrer Sünde zu konfrontieren oder sie zur Rechenschaft zu ziehen, damit sie sich in einem bestimmten Problembereich ändert. Ein liebevoller Leiter wird nicht kneifen, sondern in liebevoller Art und Weise die Wahrheit sagen.

In Epheser 5 beschreibt Paulus dann die Liebe in klaren Worten.

> *»Ebenso sind die Männer verpflichtet, ihre eigenen Frauen zu lieben wie ihre eigenen Leiber; wer seine Frau liebt, der liebt sich selbst. Denn niemand hat je sein eigenes Fleisch gehasst, sondern er nährt und pflegt es, gleichwie der Herr die Gemeinde« (Eph. 5,28-29).*

So wie ein Hochleistungssportler sich nach einer Verletzung behutsam um sich selbst kümmert, solltest auch du deine Frau einfühlsam nähren und hegen. Das kannst du zum Beispiel tun, indem du freundlich mit ihr und über sie sprichst, sie liebevoll anschaust und ihr die Türen aufhältst. Wenn du dies tust, erinnert dich Paulus daran, dass du selbst letztlich davon profitierst.

Manche Männer lesen Epheser 5 und meinen, dass sie das Gebot, ihre Frauen so zu lieben, wie Christus Seine Gemeinde liebt, erfüllen, solange sie bereit sind, für ihre Frauen buchstäblich zu sterben, wenn es einmal nötig sein sollte. Der einzige Tod, der heute in vielen Häusern stattfinden muss, ist der des männlichen Egos. Ja, du bist der Leiter. Aber Gott ruft dich eindeutig dazu auf, in einer christusähnlichen, liebevollen Weise zu führen – ein völliger Tod der lieblosen Selbstsucht. Manchmal solltest du den Computer ausschalten und eine Windel wechseln.

Fragen zur Reflexion und Anwendung

- Denkst du ganz bewusst darüber nach, wie du deiner Frau Liebe entgegenbringen kannst?
- Suchst du beim Herrn die Hilfe, um eines Seiner Geschöpfe so zu lieben, wie Er es von dir wünscht?
- Auf welche Weise bemühst du dich, ihr deine Liebe zu zeigen?
- Wann bist du zu Hause am meisten in Versuchung, egoistisch zu sein?
- Halte inne und tue Buße für deine egoistischen Verhaltensweisen. Bekenne diese Sünden vor dem Herrn und vor deiner Frau.
- In welchen konkreten Bereichen hast du Opfer gebracht, weil du deine Frau liebst?
- Hast du es zugelassen, dass falsche Vorstellungen von Liebe deine Leiterschaft einschränken?
- Spiegelt deine Leiterschaft zu Hause die liebevolle Motivation und Art Christi wider?

- Wirst du deine Frau liebevoll mit ihren Sünden konfrontieren und ihr helfen, sich zu ändern?
- Würdest du zehn liebevolle Gedanken über deine Frau aufschreiben?
- Würdest du zehn liebevolle Aktivitäten aufschreiben, die du für deine Frau tun kannst?
- Würdest du diesen Dingen Priorität einräumen und sie tun, indem du den Herrn bittest, dir zu helfen, das wichtigste Gebot im Hauptabschnitt über deine Rolle als Ehemann zu befolgen – deine Frau zu lieben?

Anregungen zum Gebet

Unser Herr Jesus Christus weiß, wie herausfordernd es ist, eine Braut zu lieben. Sein Leben war ein Leben des Dienstes, und Sein Tod war das ultimative Opfer. Danke Ihm für Seine Liebe zu dir, der du selbst ein Teil dieser Braut sein darfst. Danke Ihm, dass Er die Strafe erlitten hat, die du für deine Verfehlungen, deine Frau so zu lieben, wie Er es dir aufgetragen hat, verdient hast.

Bitte Ihn darum, dass Er dich mit dem Sonnenschein Seiner Gnade überschütte, damit dein Egoismus ganz dahinschmilzt und du deine Frau besser lieben kannst.

Empfehlenswerte Bücher zur Vertiefung

Jim George

EIN MANN NACH DEM HERZEN GOTTES WERDEN

CMV
Bestell-Nr.: 30890

Peter Schild

TREUE MÄNNER, WER FINDET SIE?

VOH-Verlag
Bestell-Nr.: 875.232

7.

Ehefrau, liebe deinen Ehemann

Hochzeiten können sehr umfangreich und prächtig oder klein und einfach sein. Kürzlich hörte ich von einer Hochzeit, bei welcher der dreijährige Ringträger seiner Schwester, dem Blumenmädchen, den Gang entlang folgte. Seine Mutter hatte ihn immer wieder daran erinnert: »Folge den Blumen!« Seine Schwester schritt anmutig den Gang hinunter und streute ihre Blütenblätter erst auf der einen und dann auf der anderen Seite des Ganges aus. Alle lächelten, als der Ringträger pflichtbewusst im Zickzack den Gang entlanglief und »den Blumen folgte«! Der entzückende Ringträger war jedoch bald vergessen, als die Braut und ihr Vater den Raum betraten. Alle Augen waren auf sie gerichtet, als sie auf ihren Bräutigam zuging, und alle Ohren gespitzt, um zu hören, wie sie ihr Versprechen vor Gott und allen Zeugen wiederholte. Es kann sein, dass die Braut Tränen in den Augen hatte, als sie versprach, ihren Bräutigam zu lieben, »bis dass der Tod uns scheidet«.

Wahrscheinlich erinnerst du dich daran, dass du ein ähnliches Versprechen abgelegt hattest; aber du hast vielleicht nicht immer das Gefühl, dass du jetzt dein Versprechen erfüllst. Ob du dich danach fühlst oder nicht, ist jedoch nicht wichtig. Wichtig ist nur, dass du deinen Mann liebst.

Drei griechische Wörter für Liebe helfen uns, die Art und Weise zu verstehen, wie Frauen ihre Männer lieben sollten. Diese griechischen Wörter sind: *agape*, die aufopferungsvolle Liebe; *phileo*, die Liebe, bei der du deinen Mann als lieben, wertvollen Freund betrachtest; und *eros*, die Liebe, die körperliche Intimität bedeutet.

Die *Agape*-Liebe ist die Art und Weise, wie alle Christen einander lieben sollen. Der Herr Jesus sagte in *Matthäus 22,39: »Du sollst deinen Nächsten lieben wie dich selbst«*. Dein Ehemann ist dein unmittelbarer Nächster, und einige der praktischen Möglichkeiten, wie du ihm Liebe im Sinne der *Agape* zeigen kannst, sind, dass du langmütig, gütig, selbstlos und nicht neidisch bist, dich an der Wahrheit statt an der Ungerechtigkeit freust, nicht unanständig bist oder dich erbittern lässt und das Böse nicht zurechnest (1.Kor. 13,4-7).

Die *Agape*-Liebe ist auch die selbstaufopfernde Liebe unseres Herrn Jesus für uns, als Er am Kreuz starb. Das ist die Liebe, mit der *»Gott die Welt geliebt«* hat *(Joh. 3,16)*. Unser Herr war das perfekte Beispiel für einen gehorsamen, treuen Knecht. Diese Liebe kann jede christliche Frau für ihren Mann empfinden, auch wenn er sie nicht so liebt, wie er sollte. Gott wird ihr Gnade dazu schenken.

Die zweite Art der Liebe, die eine Frau für ihren Mann empfinden sollte, ist die *Phileo*-Liebe. Diese Art von Liebe beinhaltet, dass du deinen Mann als den Vater deiner Kinder ansiehst und als deinen Ehemann, der in seinem Beruf hart arbeitet, damit er die Rechnungen für die Familie bezahlen kann. Diese Art der Liebe einer Frau zu ihrem Mann sollen die älteren Frauen den Jüngeren beibringen und sie darin unterweisen (Tit. 2,3-5).

Die dritte Art der Liebe ist die *Eros*-Liebe. Das Wort »Erotik« stammt von diesem griechischen Wort ab. Es ist die sexuelle Liebe. Dies ist ein Bereich in eurem Leben, den ihr gemeinsam genießen und dem anderen uneigennützig schenken solltet, solange das, was ihr tut, nicht sündhaft ist. (Mehr zu diesem Thema findest du in Kapitel 18.)

Das Versprechen, das du bei deiner Hochzeit gegeben hast, nämlich zu lieben, »bis dass der Tod euch scheidet«, sollte nicht bloß zu leeren, vergessenen Worten einer wunderschönen Zeremonie und einer liebenswerten Tradition verkommen. Es ist eine biblische Verpflichtung, die ein ganzes Leben lang gelebt werden muss, indem du dich für deinen Mann aufopferst, eine sexuelle Beziehung mit ihm hast und ihn wertschätzt. Die Liebe, die Gott verlangt, ist kein warmes, kuscheliges

Gefühl, sondern ein Willensakt, bei dem du dich mehr und mehr von lieblosen Gedanken und Handlungen wie Egoismus, Angst oder Bitterkeit abwendest und deinen Mann so liebst, wie Gott es beabsichtigt.

Fragen zur Reflexion und Anwendung

- Denkst du eher an das, was du für deinen Mann tun kannst, oder an das, was er für dich tun kann?
- Bist du geduldig mit deinem Mann?
- Spielst du Kränkungen immer wieder in deinem Kopf durch, oder vergibst du schnell?
- Ist dein Tonfall freundlich und sanft, oder ist er hart und sarkastisch?
- Bestrafst du deinen Mann manchmal, indem du schmollst oder ihm die kalte Schulter zeigst, wenn du deinen Willen nicht durchsetzen kannst?
- Sparst du jeden Tag etwas Zeit und Energie für deinen Mann auf?
- Bist du zärtlich?
- Was sind die drei größten Wünsche deines Mannes? Kannst du sie erfüllen?
- Welche Arten der Liebesbekundung wünscht sich dein Mann von dir?
- Versuchst du, Möglichkeiten zu finden, wie du deinem Mann Liebe zeigen kannst, z. B. indem du ihm sein Lieblingsessen zubereitest oder ihm eine liebevolle Notiz schreibst?
- Behandelst du deinen Mann in der Öffentlichkeit als etwas Besonderes, und auch, wenn ihr zu Hause allein seid?

Anregungen zum Gebet

Die Ehe ist von Gott verordnet. Sie ist heilig und gut. Er hat der Ehefrau die Verantwortung übertragen, ihren Mann durch Aufopferung, Wertschätzung und Intimität zu lieben. Außerdem schenkt Er denen, die Ihn kennen, die Gnade, Ihm mit freudigem Herzen zu gehorchen. Es ist wirklich ein heiliges Vertrauensverhältnis. Möge dein Wunsch, deinen Mann zu lieben und wertzuschätzen, größer und reifer sein als an dem Tag eurer Hochzeit.

Bitte den Herrn, dir zu helfen, deinen Mann wirklich so zu lieben, dass es nicht nur ihm, sondern auch Gott gefällt.

Empfehlenswerte Bücher zur Vertiefung

Martha Peace

LEHRERIN DES GUTEN

CMV
Bestell-Nr.: 30829

Elizabeth George

EINE FRAU NACH DEM HERZEN GOTTES

Betanien
Bestell-Nr.: 175.965

8.

Ehemänner gehen voran

In der Bibel gibt es kein buchstäbliches Gebot für Ehemänner, ihre Frauen zu führen. »Was?«, wendest du vielleicht ein. »Natürlich gibt es ein solches Gebot, und wahrscheinlich sogar mehr als eines!« Wenn du das denkst, liest du deine Bibel zu schnell und nicht aufmerksam. Lies die Verse einmal in Ruhe durch.

In Epheser 5,22-24 heißt es:

»Ihr Frauen, ordnet euch euren eigenen Männern unter als dem Herrn; denn der Mann ist das Haupt der

Frau, wie auch der Christus das Haupt der Gemeinde ist; und Er ist der Retter des Leibes. Wie nun die Gemeinde sich dem Christus unterordnet, so auch die Frauen ihren eigenen Männern in allem.«

Die andere Stelle, an der die Bedeutung des Mannes in der Familie hervorgehoben wird, ist in 1. Korinther 11,3:

»Ich will aber, dass ihr wisst, dass Christus das Haupt jedes Mannes ist, der Mann aber das Haupt der Frau, Gott aber das Haupt des Christus.«

Obwohl keine dieser beiden Stellen dem Mann befiehlt, seine Frau zu führen, weisen sie eindeutig darauf hin, dass er ihr Haupt ist. Grundsätzlich gilt, dass du für das Wohlergehen deiner Familie verantwortlich bist. Die Frage ist nur: Was für eine Art von Haupt bist du?

Unabhängig davon, ob du in deiner Aufgabe gut belehrt wurdest, ob deine Frau eine geistlich gesinnte Frau ist oder nicht, ob du dich der Aufgabe gewachsen fühlst oder nicht – du wirst am Ende vom Herrn für dein Leben und dafür, wie du deine Frau geführt hast, zur Rechenschaft gezogen werden. An jenem Tag wird es keine Ausreden mehr geben. Gott hat dich in diese Rolle berufen, und Er will dir die Gnade geben, dein Amt so auszuüben, dass es Ihm wohlgefällig ist.

Als ich in der Bibelschule war, habe ich im Wohnzimmer unserer Wohnung ein Bücherregal aufgebaut. Wir werden wohl nie erfahren, wie viel Sägemehl in den Teppichboden gelangt ist. Besondere Projekte lassen sich auch unter weniger idealen Bedingungen durchführen, aber eine Garage oder eine Werkstatt wäre eine viel bessere Umgebung dafür gewesen. In ähnlicher Weise hat Gott Männer und Frauen so geschaffen, dass sie in ihren eigenen Rollen am effektivsten sind. Andernfalls kann die Ehe chaotisch werden. Mit anderen Worten:

Du musst deine Frau führen,
damit eure Familie so sein kann,
wie Gott sie geplant hat.

Deine Frau braucht dich, damit du sie führst. Du solltest zum Beispiel derjenige sein, der sie dazu bringt, sich mehr in der Gemeinde zu engagieren. Du gehst geduldig ihren Wochenplan durch und hilfst ihr, Prioritäten und Ziele zu setzen. Du solltest ihr mit gutem Beispiel vorangehen und ihr zeigen, wie man treu mit Gott lebt, wenn der eigene Terminkalender um Erbarmen schreit. Versuche nicht, ihre Geistlichkeit als Rechtfertigung dafür zu benutzen, dass du sie nicht führst. Erweise dich als gottesfürchtiger Leiter, zu dem Gott dich gemacht hat.

Fragen zur Reflexion und Anwendung

- Wie sieht es mit dem geistlichen Zustand deiner Frau aus?
- Achtest du auf ihre geistliche Ernährung? Was lernt sie aus der Bibel? Aus ihren Lieblingsbüchern? Aus Predigten? Oder aus Audiomedien?
- Was ist dein Plan, um ihr zu helfen, geistlich voranzukommen?
- Beklagst du dich, wenn bei euch zu Hause etwas schiefläuft?
- Bist du der Initiator im Allgemeinen und im Besonderen, wenn es darum geht, geistliche Fortschritte zu erzielen, z. B. durch die Teilnahme an Gottesdiensten und Familienandachten?
- Benutzt du den Ausdruck »lass uns gemeinsam …« häufiger als sie?
- Gibst du dir Mühe, weise Entscheidungen zu treffen (mit Hilfe von Gebet, Nachschlagen in der Heiligen Schrift, Befragung weiser Freunde), und nimmst du dir auch die Zeit, das Für und Wider aufzuschreiben?

- Gehst du auf deine Frau ein,
wenn sie dich um Hilfe bittet?
- Übernimmst du die Verantwortung,
wenn du dich ihrer Entscheidung anschließt?
- Bist du ein Vorbild im Wandel mit dem Herrn?
- Vor welchen Gefahren versuchst du deine Frau zu schützen (schädliche Einflüsse aus Büchern oder anderen Medien oder auch aus einer engen Freundschaft mit einer gottlosen Frau)?

Anregungen zum Gebet

Wie großartig ist Gott! Er hat den Himmel und die Erde erschaffen; Er hat die Familie erschaffen.

Auch wenn du an manchen Tagen nicht das Gefühl hast, dass du in der Lage bist, deine Frau und deine Kinder zu führen, hat Gott dich zu dieser Aufgabe bestimmt.

Bitte Ihn um die Kraft, ein treuer Mann zu sein. Bitte Ihn um die Gnade, ein weiser und gottesfürchtiger Leiter zu sein. Bitte Ihn um Hilfe, so zu führen, dass es Ihn erfreut und die Welt bemerkt, wie Jesus Seine Gemeinde führt.

Empfehlenswerte Bücher zur Vertiefung

Stuart Scott

DER VORBILDLICHE EHEMANN

EBTC
ISBN: 9783969570210

Thomas Lange

MUT STATT MÄNNERLÜGEN!

Betanien
Bestell-Nr.: 176.368

9.

Biblische Unterordnung, die Freude der Ehefrau

Vor Kurzem erlebte der Bundesstaat Louisiana einen schrecklichen Hurrikan, der dazu führte, dass die Dämme brachen und die Stadt New Orleans überflutet wurde. Tausende von Menschen waren eingeschlossen und brauchten dringend Rettung. Am Samstag nach dem Sturm, um 6:30 Uhr, trafen die Hubschrauber ein. Sie landeten einer nach dem anderen, und der nächste wartete jeweils schon in der Luft, um zu landen, sobald der vorherige hochgestiegen war. Dank der Ausbildung der Hubschrauberpiloten und ihrer Rettungsmannschaften waren ihre Manöver perfekt aufeinander abgestimmt. Sie flogen alle zehn Minuten einhundert Menschen aus und hörten erst auf, als sie Tausende von Menschen evakuiert hatten. Es war ein unglaublicher Anblick, den sie boten. Das war nur möglich, weil die Piloten darauf trainiert waren, sich den Befehlen ihrer Vorgesetzten unterzuordnen. Es gab keine Machtspiele. Die Piloten kannten ihre Aufgaben und führten sie tadellos aus.

Ähnlich verhält es sich mit der biblischen Unterordnung der Frau unter ihren Mann. Beide, Mann und Frau, sollten ihre Aufgaben kennen und sie unter der übergeordneten Autorität des Herrn ausleben. Für die Ehefrau bedeutet das, dass sie ihrem Mann in allem gehorchen muss, es sei denn, ihr Mann fordert sie auf, zu sündigen. Auch wenn dieses Thema in der Welt und in der Gemeinde sehr missverstanden wird, ist das biblische Gebot für die Ehefrau, sich ihrem Mann unterzuordnen, eindeutig (Eph. 5; Kol. 3; Tit. 2; 1.Pt. 3). Oft ist es einfacher zu verstehen, was mit

Unterordnung gemeint ist, wenn man einmal bedenkt, was biblische Unterordnung nicht ist. Erst dann werden wir sehen, was sie ist.

Unterordnung bedeutet nicht, dass die Frau ihrem Mann gegenüber minderwertig oder unterlegen sei. Sie kann ihm sogar in vielerlei Hinsicht überlegen sein. Sie hat einfach nur andere Aufgaben in der Ehe zu erfüllen. Unterordnung bedeutet auch nicht, dass sie ihrem Mann gehorchen muss, wenn er sie auffordert zu sündigen. Gott ist immer die höhere Autorität, und Seine Gebote haben Vorrang vor den sündigen Aufträgen eines anderen.

Unterordnung bedeutet nicht, dass die Frau niemals ihre Meinung oder ihre Wünsche äußern dürfte. Sie sollte jedoch bereit sein, sich den Wünschen ihres Mannes zu fügen, wenn ihm dies wichtig ist. Außerdem bedeutet Unterordnung nicht, dass sie ein Fußabtreter sein muss und nie etwas sagen darf, egal wie ihr Mann sie behandelt. Und letztendlich bedeutet Unterordnung auch nicht, dass sie von der Pflicht dazu entbunden sei, wenn ihr Mann ein Ungläubiger ist.

Unterordnung bedeutet, dass die Frau in allem gehorchen soll, es sei denn, ihr Mann fordert sie auf, zu sündigen (Eph. 5,22-23). Das griechische Wort für »unterordnen« heißt *hypotasso* und ist ein militärischer Begriff, der bedeutet, dass man in einer militärischen Ordnung einen niedrigeren Rang einnimmt. In der Ehe wurde die Rangordnung von Gott zu Seiner Ehre festgelegt.

Unterordnung bedeutet auch, dass eine sich unterordnende Ehefrau *»Gutes tut und [sich] keinerlei Furcht einjagen lässt« (1.Pt. 3,6)*. Sie zeigt ihre Liebe zu Gott, indem sie Seinem Wort gehorcht, und es ist ihr wichtiger, dem Herrn zu gehorchen, als ihren eigenen Willen durchzusetzen. Sie setzt ihre Hoffnung auf Gott und gibt sich nicht der Angst und Sorge hin, sondern vertraut Ihm. Unterordnung bedeutet auch, dass die Ehefrau das Wort Gottes nicht entehrt, weil ihr der Gehorsam gegenüber Gott wichtiger ist als ihr eigener Wille (Tit. 2,5).

Eine sich unterordnende Frau lässt sich in ihrem Leben vom Wort Christi leiten, anstatt in sündiger Weise ihren Gefühlen oder ihrem egoistischen Herzen nachzugeben. Deshalb ordnet sie sich unter, ob sie sich danach fühlt oder nicht. Wie die Rettungsmannschaften der Hubschrauber, die zweifellos große Zufriedenheit wegen ihrer gelungenen Arbeit empfanden, ordnet sich eine hingebungsvolle Ehefrau (weil sie den Herrn liebt) ihrem Mann in biblischer Weise unter. Das ist ihre Freude.

Fragen zur Reflexion und Anwendung

- Wenn du an deinen Mann appellierst, um deinen Willen zu bekommen, was ist dir dann wirklich wichtiger – deinen Willen durchzusetzen oder Gott zu gefallen?
- Könnte dein Mann sagen, dass du an ihm herumnörgelst, um deinen Willen durchzusetzen?
- Akzeptierst du ein Nein von ihm wohlwollend als Antwort?
- Denkst du manchmal oder sagst du zu deinem Mann: »Ich würde zwar gerne ..., aber was immer du entscheidest, ist für mich in Ordnung«, und meinst du das auch so?
- Schmollst oder grübelst du manchmal, wenn du deinen Willen nicht bekommst?
- Fällt es deinem Mann leicht, seine Meinung zu äußern, oder hat er Angst, dir zu sagen, was er wirklich denkt?
- Kann dein Mann darauf vertrauen, dass du auch dann tust, was er verlangt, wenn er nicht in der Nähe oder wenn er verreist ist?
- Betrachten eure Kinder dich oder ihren Vater als das Oberhaupt des Hauses?
- Ist es dir eine Freude, unter der Autorität deines Mannes zu stehen, weil du weißt, dass das dem Herrn gefällt?

Anregungen zum Gebet

Der Herr Jesus hat nicht den Anspruch erhoben, dem Vater gleichgestellt zu sein, als Er auf die Erde kam. Er hat den Plan der Errettung perfekt ausgeführt. Er hat es um der Freude willen getan, die vor Ihm lag.

Wir leben in einer Welt, in der das Recht auf Gleichstellung zu einem Gott geworden ist. Unsere Herzen fordern, dass wir unseren Willen bekommen.

Bitte den Herrn, dir ein Herz wie Seines zu schenken, dass du dich als Ehefrau nicht über die Rolle ärgerst, die Er dir zugedacht hat. Bitte Ihn darum, die Unterordnung unter deinen Mann zu deiner Freude zu machen.

Empfehlenswerte Bücher zur Vertiefung

Martha Peace

DIE TUGENDHAFTE EHEFRAU

EBTC
ISBN: 9783969570234

Elizabeth Rice Handford

UNTERORDNUNG

CMV
Bestell-Nr.: 30828

Jo & Su Frick

UNTERORDNUNG – DIE ENTSCHEIDUNG DER EHEFRAU, GOTT ZU VERTRAUEN

EBTC
ISBN: 9783947196739

10.

Gemäß der Erkenntnis leben

D. Martyn Lloyd-Jones, der berühmte Arzt, der Mitte des zwanzigsten Jahrhunderts in London zum Prediger wurde, pflegte diesen Rat zu geben: »Erkenne dich selbst.« Jeder Mensch ist unterschiedlich; was bei dem einen funktioniert, darf nicht als allgemeingültig angesehen werden. Das gilt für alles – von der unterschiedlichen Menge an Schlaf oder Bewegung, die pro Tag benötigt werden, bis hin zu den speziellen Versuchungen und Heilmitteln einer Person. Zusätzlich zu Lloyd-Jones' Rezept, uns selbst zu erkennen, überträgt die

Bibel den Männern die doppelt schwierige Aufgabe, ihre Frauen zu erkennen. Petrus ist diesbezüglich eindeutig:

> *»Ihr Männer sollt gleichermaßen einsichtig mit eurer Frau als dem schwächeren Gefäß zusammenleben und ihr Ehre erweisen, weil ihr ja gemeinsam Erben der Gnade des Lebens seid, damit eure Gebete nicht verhindert werden« (1.Pt. 3,7).*

Dieses Gebot besagt, dass du mit deiner Frau »gemäß der Erkenntnis« leben sollst. Das bedeutet natürlich, dass wir die Unterschiede zwischen Männern und Frauen im Allgemeinen wertschätzen sollten. Die Anwendungen scheinen sich jedoch auf ein tiefes Verständnis dafür zu erstrecken, was deine Frau konkret antreibt. Jede Frau ist einzigartig, also ist es deine Aufgabe, ein lebenslanger Student an der Universität deiner Frau zu sein! Sie ist ein besonderes Geschöpf Gottes, das dir anvertraut wurde. Er erwartet von dir, dass du hart an dieser Aufgabe arbeitest.

Wenn Petrus sie als das »schwächere Gefäß« bezeichnet, hat er die Verletzlichkeit einer kostbaren Vase im Sinn. Es stimmt zwar, dass Frauen im Allgemeinen körperlich schwächer sind als Männer, aber diese Tatsache wird in der Regel nicht als etwas Ehrenhaftes angesehen. Du musst deine Frau ehren, denn sie ist wie feines Porzellan oder ein seltenes Juwel. Behandle sie mit Ehre und großer Sorgfalt.

Die Ernsthaftigkeit dieses Gebots zeigt sich im letzten Satz: *»damit eure Gebete nicht verhindert werden«*. Wenn du regelmäßig hart, egoistisch, negativ oder kritisch mit deiner Frau umgehst, wirst du nicht nur eine verletzte Frau haben, sondern auch eine Wand zwischen dir und ihrem himmlischen Vater aufbauen. In gewisser Weise besagt dieser Vers, dass Gott dein »geistlicher Schwiegervater« ist, weil sie eine Mitchristin ist. Wenn du deine Frau nicht sorgfältig studierst und sie mit Respekt behandelst, wird Er dich abweisen, wenn du mit deinen Gebeten an Seine Tür klopfst. Diese Verantwortung ist eine ernste Angelegenheit!

Fragen zur Reflexion und Anwendung

- Ist es dir wichtig, deine Frau immer besser kennenzulernen?
- Stellst du deiner Frau regelmäßig Fragen, um die Schätze ihres Herzens zu finden?
- Bist du sensibel für die Unterschiede zwischen dir und deiner Frau?
- Was sind die Stärken deiner Frau? Was sind ihre Schwächen? Welches sind ihre größten Versuchungen?
- Wie sieht ihr Wochenplan aus? Werden ihre Aufgaben auf die effizienteste Weise bewältigt?
- Wann fühlt sie sich am ehesten überfordert? Wann ist sie am meisten versucht, sich zu überlasten?
- Wie kannst du sie von einer Last befreien?
- Gibt es unerledigte Projekte rund um das Haus, bei denen sich deine Frau wünscht, dass du sie in Angriff nimmst? Mach einen Plan, wie diese erledigt werden können, und bitte sie darum, sie nach Prioritäten zu ordnen. Wenn möglich, erledige sie entsprechend ihrer Prioritäten.

- Weißt du zu schätzen, dass Gott deine Frau für dich passend gemacht hat?
- Was sind zehn Dinge an deiner Frau, für die du Gott dankst?
- Weiß deine Frau, dass du sie wertschätzt? (Am besten fragst du sie, um sicherzugehen!)
- Auf welche Weise fühlt sie sich von dir am meisten geliebt?
- Deine Frau ist einzigartig. Überlege dir sieben Möglichkeiten, wie du ihr deine Liebe und deinen Respekt vermitteln kannst, die sie wertzuschätzen wüsste. Führe eine Woche lang jeden Tag eine davon aus.

Anregungen zum Gebet

»HERR, Du erforschst mich und kennst mich! ... Du beobachtest mich, ob ich gehe oder liege, und bist vertraut mit allen meinen Wegen; ja, es ist kein Wort auf meiner Zunge, das Du, HERR, nicht völlig wüsstest« (Ps. 139,1.3-4).

Es sollte dein Anliegen sein, deine Frau besser zu kennen, so wie dein Vater im Himmel dich kennt. Sie ist sehr wertvoll und doch ganz anders als du. Ihre Stellung ist anders, denn der Herr hat sie dazu berufen, deiner Führung zu folgen, und sie ist anders, weil sie eine wunderbare und einzigartige Frau ist. Und doch seid ihr genau gleich, weil ihr beide Gottes Kinder seid. Das Bestreben, diese Unterschiede und Gemeinsamkeiten zu schätzen und auszubalancieren, kann für dich überwältigend sein. Das weiß der Herr! Bitte Ihn, dir zu helfen, treu zu sein.

Empfehlenswerte Bücher zur Vertiefung

R. Kent Hughes

MANN MIT PROFIL

CV Dillenburg
Bestell-Nr.: 271.109

John D. Street

MÄNNER BERATEN MÄNNER

CV Dillenburg
Bestell-Nr.: 271.688

11.

Deinen Ehemann respektieren

In dem großartigen Abschnitt über die Ehe in Epheser 5 vergleicht Paulus die Beziehung zwischen Christus und der Gemeinde mit der Beziehung zwischen dem Ehemann und seiner Frau. Der Abschnitt endet mit den Worten: *»... die Frau aber erweise dem Mann Ehrfurcht« (Eph. 5,33).* Ehrfurcht zeigt sich oft im Kleinen, z. B. im Tonfall, in der Art, wie du deinen Mann anschaust, oder wie du mit anderen über ihn sprichst.

Du solltest die Stellung deines Mannes als Oberhaupt des Hauses respektieren (1.Kor. 11,3).

Unabhängig davon, ob der Ehemann es verdient oder nicht, sollte die Frau ihm Ehrfurcht erweisen, weil es ihm zusteht. Besonders dann, wenn es nötig ist, dass eine Frau ihren Mann darauf hinweist, dass sein Handeln nicht richtig ist, ist es wichtig, dass sie ihn immer in einem respektvollen Ton und auf eine respektvolle Weise zurechtweist.

Stell dir vor, du hättest die Gelegenheit, mit dem Präsidenten deines Landes zu sprechen. Und angenommen, er versucht, die Legislative dazu zu bringen, liberalere Abtreibungsgesetze zu erlassen. Was würdest du ihm sagen, und wie würdest du es sagen? Wenn du dem Präsidenten und seiner Position keinen Respekt entgegenbringst, kommst du nicht sehr weit. In der Bibel steht, dass dann, wenn du Einfluss auf jemanden ausüben willst, *»liebliche Rede ... die Belehrung [fördert]« (Spr. 16,21).* So ist es auch in Bezug auf deinen Ehemann. Egal, ob dein Mann Gott ehrt und dich so liebt, wie er es sollte, oder nicht – du solltest den biblischen Auftrag beherzigen: *»... die Frau aber erweise dem Mann Ehrfurcht« (Eph. 5,33).*

Fragen zur Reflexion und Anwendung

- Behandelst du deinen Mann im Privaten genauso respektvoll wie deinen Pastor, deine Nachbarn oder deine Freundin in der Öffentlichkeit?
- Sprichst du mit deinem Mann in einem freundlichen, sanften oder in einem sarkastischen, herablassenden Ton?
- Zeigst du Respektlosigkeit durch Seufzer, wütende oder empörte Blicke oder durch verschränkte Arme?
- Unterbrichst du deinen Mann oder sprichst du, wenn er eigentlich das Wort haben sollte?
- Versuchst du, deinen Mann durch Drohungen, verbale Angriffe, Schreien oder sonstige Methoden zu manipulieren, einzuschüchtern oder zu tyrannisieren, um deinen Willen durchzusetzen?
- Erwähnst du die Unzulänglichkeiten deines Mannes anderen gegenüber?
- Widersprichst du deinem Mann im Beisein anderer?
- Hörst du dir die Meinung deines Mannes aufmerksam an und versuchst, ihn zu verstehen?

- Respektierst du seine Forderungen, indem du versuchst zu tun, was er verlangt, auch wenn es dir nicht wichtig erscheint?
- Respektierst du seine Stellung in der Familie so sehr, dass er sich darauf verlassen kann, dass du auch dann tust, was er verlangt, wenn er nicht zu Hause ist?
- Bist du freundlich und liebevoll oder barsch in deinem Tonfall?
- Gehorchst du Gott, indem du deinem Mann gegenüber respektvoll bist?

Anregungen zum Gebet

Der allmächtige Gott ist der Einzige, der die Zunge zähmen kann. Er ist der Einzige, der uns den Wunsch geben kann, es überhaupt zu versuchen. Er ist der Einzige, der nie mit sündigem Zorn oder Sarkasmus reagiert hat. Er ist unser perfektes Vorbild.

Bitte Ihn darum, dass Er dich überführt, wenn du deinem Mann gegenüber respektlos bist. Bitte Ihn, dir zu helfen, deinem Mann treu Respekt zu erweisen, ob dir danach ist oder nicht.

Empfehlenswerte Bücher zur Vertiefung

Matthew Henry

DAS STREBEN NACH SANFTMUT UND STILLE

3L-Verlag
Bestell-Nr.: 863.976

Wayne Mack

DEMUT

CMV
Bestell-Nr.: 30892

Wanda Sanseri

KOSTBARER ALS KORALLEN

CLV
Bestell-Nr.: 255.236

12.

Der Ehemann sorgt für das Zuhause

- Weiß deine Frau, dass die Versorgung eurer Familie gesichert ist?
- Kann sie sich heute Abend beruhigt schlafen legen, weil sie weiß, dass neben ihr ein Mann ist, der zu seiner Verantwortung steht, für sein Heim zu sorgen?

Obwohl jede Familie zeitweise Rückschläge und sogar berufliche Umstellungen erlebt, ist ein gottesfürchtiger Mann ein treuer Versorger für seine Familie.

»Wenn aber jemand für die Seinen, besonders für seine Hausgenossen, nicht sorgt, so hat er den Glauben verleugnet und ist schlimmer als ein Ungläubiger« (1.Tim. 5,8).

Es gibt mindestens drei wichtige Lektionen für einen Ehemann, der seiner Verantwortung, für seine Familie zu sorgen, gerecht werden will. Die ersten beiden werden von einem unwahrscheinlichen Experten gelehrt:

»Geh hin zur Ameise, du Fauler, sieh ihre Wege an und werde weise: Obwohl sie keinen Anführer hat, weder Vorsteher noch Herrscher, bereitet sie dennoch im Sommer ihr Brot und sammelt in der Erntezeit ihre Speise. Wie lange willst du liegen bleiben, du Fauler? Wann willst du aufstehen von deinem Schlaf? ›Ein wenig schlafen, ein wenig schlummern, ein wenig die Hände in den Schoß legen, um zu ruhen‹: so holt dich die Armut ein wie ein Läufer, und der Mangel wie ein bewaffneter Mann!« (Spr. 6,6-11).

Lektion eins ist: Sei ein harter Arbeiter! Im Gegensatz zur fleißigen Ameise ist der Faule ein Klotz am Bein. Der Faule liebt den Schlaf und ist ein Meister der Rechtfertigungen und Ausreden. Alles, was er für seine Familie übrig hat, ist Armut – obwohl die Bibel klar sagt, dass ein Mann ein fleißiger Arbeiter sein muss.

Paulus fordert die Thessalonicher auf:

> *»Wir ermahnen euch aber, ihr Brüder, dass ihr … eure Ehre darin sucht, ein stilles Leben zu führen, eure eigenen Angelegenheiten zu besorgen und mit euren eigenen Händen zu arbeiten, so wie wir es euch geboten haben, damit ihr anständig wandelt gegenüber denen außerhalb [der Gemeinde] und niemand nötig habt« (1.Thess. 4,11-12).*

In einem anderen Brief an dieselbe Gemeinde fügt er hinzu:

> *»Ihr wisst ja selbst, wie ihr uns nachahmen sollt; denn wir haben nicht unordentlich unter euch gelebt, wir haben auch nicht umsonst bei jemand Brot gegessen, sondern mit Mühe und Anstrengung haben wir Tag und Nacht gearbeitet, um niemand von euch zur Last zu fallen … Wir hören nämlich, dass etliche von euch unordentlich wandeln und nicht arbeiten, sondern*

unnütze Dinge treiben. Solchen gebieten wir und ermahnen sie im Auftrag unseres Herrn Jesus Christus, dass sie mit stiller Arbeit ihr eigenes Brot verdienen« (2.Thess. 3,7-8.11-12).

Wenn du arbeitslos bist, ist es deine Aufgabe, einen Job zu bekommen! Es ist zwar nicht falsch, sich in einer Übergangsphase zu befinden, aber es ist falsch, darauf zu hoffen, dass dir dein nächster Job in den Schoß fällt. Sei außerdem realistisch! Wenn du dich selbstständig machen willst und nicht über das nötige Startkapital verfügst, ist es vielleicht am besten, zunächst einen festen, gut bezahlten Job anzunehmen, während du dein Unternehmen nebenbei aufbaust.

Lektion zwei von der Ameise (Spr. 6) ist es, für die Zukunft zu planen. So wie die Ameise im heißen Sommer arbeitet, um Vorräte für den kalten Winter zu sparen, musst auch du dafür sorgen, dass deine Familie alles hat, was sie braucht, wenn du nicht mehr arbeiten kannst. Es braucht Weisheit, um das notwendige Sparen gegen die sündhafte Praxis des Anhäufens abzuwägen, und das führt zur dritten Lektion.

Lektion drei richtet sich an dein Herz: Es ist besser, materielle Dinge zu opfern, als deine Familie. Viele Männer wollen, dass ihre Frauen außer Haus arbeiten, oder sie nehmen einen zweiten Job an oder arbeiten übermäßig lange, damit die Familie mehr Besitz haben kann. Hüte dich vor Habgier! Beachte die Grenzen, welche die Genügsamkeit setzt, die Paulus in 1. Timotheus 6,8 aufzeigt: *»Wenn wir aber Nahrung und Kleidung haben, soll uns das genügen!«*

Im ersten Jahrhundert waren Architektur und Kleidung im Vergleich zu dem typischen Lebensstil von heute recht bescheiden. Wenn Paulus also sagt, dass wir uns mit Nahrung, Kleidung und einer angemessenen Unterkunft begnügen sollen, meint er damit nicht fünfzehn oder zwanzig verschiedene Kleidungsstücke pro Saison, zehn Paar Schuhe und ein zweihundert Quadratmeter großes Haus auf einem viertausend Quadratmeter großen Grundstück. Es ist keine Sünde, etwas zu besitzen, wenn du im Rahmen deiner Möglichkeiten lebst, aber es ist eine Sünde, wenn diese Güter dich besitzen. Was benötigst du wirklich?

Die meisten Christen, die eine kurzfristige Missionsreise gemacht haben, bekennen, dass diese sie weit mehr geprägt hat als alles, was sie für die Menschen getan haben, die sie besucht haben. Für uns ist es meist schockierend zu erkennen, wie gut wir es materiell haben. Wenn wir sehen, wie unsere Mitchristen auf der ganzen Welt leben, sollte uns das helfen, unsere Prioritäten neu zu setzen.

Also ja, arbeite hart, um deine Familie versorgen zu können. Plane vorausschauend für Notfälle und den Ruhestand. Aber überprüfe dein Herz immer gegenüber den Sünden der Habgier und des Anhäufens. Eine gute Lösung gegen diese Sünden ist es, viel Geld zu spenden.

Fragen zur Reflexion und Anwendung

- Wie ist deine Produktivität bei der Arbeit im Vergleich zu deinem Umfeld? Wie hoch ist sie im Vergleich zu dem, wie sie sein könnte?
- Bist du ein kluger Arbeiter, der nach Möglichkeiten Ausschau hält, seine Arbeit zu verbessern?
- Solltest du dich für eine neue berufliche Laufbahn entscheiden, um deine Familie besser versorgen zu können?
- Bist du diszipliniert und sparst jeden Monat Geld für sinnvolle Dinge?
- Spendest du freiwillig Geld an deine Gemeinde und für andere nützliche Zwecke?
- Bist du in der Lage, das Familienbudget durch dein eigenes Einkommen zu decken?
- Welche Beispiele gibt es, bei denen ihr, du und deine Frau, Bedürfnisse und Habgier verwechseln könntet?
- Vertraust du dem Herrn in Bezug auf echte Bedürfnisse, die scheinbar nicht erfüllt werden können (Mt. 6,33)?
- Werden die Prioritäten eurer Familie durch deine Arbeit(en) oder die außerhäusliche Arbeit deiner Frau getrübt?

Anregungen zum Gebet

Der Herr ist der ultimative Versorger mit allem, was wir zum Leben brauchen. Er deckt die Bedürfnisse deiner Familie, und Er erfüllt euer Leben mit guten Gaben, an denen ihr euch erfreuen dürft.

Hoffe auf Ihn, dass Er für deine Familie sorgt.

Während du auf Seine versorgenden Hände schaust: Bitte Ihn um die Gnade, dass deine Hände hart arbeiten und du Ihm treu dienen kannst, während du deiner Familie dienst. Während Er dir durch deine Berufstätigkeit gibt, möge Er deine Hände dazu bringen, deine Besitztümer loszulassen. Bitte Ihn darum, dir und deiner Familie zu helfen, großzügig zu verschenken, da ihr großzügig von Ihm empfangen habt.

Empfehlenswerte Bücher zur Vertiefung

David Murray

RESET

CV Dillenburg
Bestell-Nr.: 271.794

Robert Wolgemuth

LÜGEN, DIE WIR MÄNNER GLAUBEN

CLV
Bestell-Nr.: 256.399

13.

Die Ehefrau prägt die Stimmung zu Hause

Als ich ein kleines Mädchen war, sang und tanzte meine Mutter durch den Raum und wirbelte mich herum. In diesen Momenten gab es viel Heiterkeit für uns beide. Wegen der damaligen Stimmung meiner Mutter war mein kleines Mädchenherz voller Freude.

In ähnlicher Weise sollte auch das alltägliche, gewöhnliche Christenleben einer Ehefrau von Freude und Erfüllung geprägt sein, wenn sie Gott ehrt und Ihm dient. Die gottesfürchtige Ehefrau *»lacht angesichts des kommenden Tages«*

und hat *»freundliche Unterweisung … auf ihrer Zunge« (Spr. 31,25-26).* Die Familienmitglieder in ihrem Haus müssen sich nicht fragen: »In was für einer Stimmung ist Mama heute wohl?« Weil sie in ihrem Haus einen warmen, liebevollen Umgangston pflegt, sieht sie dem Alltag und dem, was der Herr tun wird, mit Freude entgegen.

Der richtige Ton im Haus wird nicht nur durch die Freude am Herrn bestimmt, sondern auch dadurch, dass der Haushalt sauber und geordnet ist. Da die Frau ihre Aufgabe als Hausfrau vom Herrn erhalten hat, sollte sie in der Lage sein, den Haushalt gut zu führen. Das kann bedeuten, dass sie einen Speiseplan und eine Einkaufsliste erstellt und einmal in der Woche einkauft, oder dass sie sich um die Wäsche kümmert, damit am Sonntagmorgen nicht jedes Familienmitglied auf der Suche nach einem passenden Paar Socken herumrennt und ein Chaos entsteht. Gut organisiert zu sein, hilft auch in Zeiten, in denen eine Frau durch Krankheit eingeschränkt ist. Eine konsequente Organisation bedeutet, dass nicht alles so sehr in Mitleidenschaft gezogen ist, dass sie ihre Arbeit nicht mehr aufholen kann.

Eine Frau, die zu Hause einen gottesfürchtigen, freudigen Ton anschlägt, lässt sich wohl am besten damit beschreiben, dass sie einen *»sanften und stillen Geist«* hat (1.Pt. 3,4). Ein sanfter und stiller Geist bedeutet nicht, dass eine Frau flüstert, wenn sie spricht. Es bedeutet aber, dass sie Gottes Umgang mit ihr als gut akzeptiert und nicht in Zorn oder Furcht versinkt. Sie ist demütig, lernfähig und freut sich, Gott zu gehorchen und ihrer Familie zu dienen. Sie arbeitet hart, ist gut in dem, was sie tut, und, wie wir schon sagten, *»sie lacht angesichts des kommenden Tages« (Spr. 31,25).* Und weil sie so fröhlich ist, werden auch alle anderen im Haus gern lachen.

Fragen zur Reflexion und Anwendung

- Ist dein Zuhause eher ein friedlicher Rückzugsort oder eher ein Kampfgebiet?
- Denkst du eher: »Das macht mich noch verrückt!«, oder: »Was könnte Gott aus dieser Situation machen?«
- Wie würdest du am wahrscheinlichsten reagieren – seufzen und dich wütend zurückziehen, oder sanftmütig versuchen, der anderen Person zu helfen, es zu verstehen?
- Spielst du wütende Gedanken in deinem Kopf eher immer und immer wieder durch, oder ist es wahrscheinlicher, dass du die andere Person segnest, indem du für sie oder ihn betest?
- Hast du Freude am Leben und liebst es, oder fürchtest du dich vor jedem Tag und machst dir Gedanken und Sorgen?
- Bist du leicht reizbar oder langsam zum Zorn?
- Sind deine Gedanken ruhig und vernünftig, oder reagierst du manchmal unangemessen auf die Umstände?

- Hältst du dich zurück (bist geduldig mit anderen), oder lässt du dich leicht provozieren, auch wenn es kaum einen Grund dazu gibt?
- Benutzt du Zorn und Drohungen, um diejenigen zu manipulieren, die unter deiner Autorität stehen, oder erteilst du in Liebe Ratschläge?
- Lässt du Barmherzigkeit walten, wenn du die dir Unterstellten korrigierst, oder bist du hart?
- Nörgelst du herum und beklagst dich über deine derzeitigen Umstände, die dich enttäuschen, oder bist du Gott dankbar für das, was Er tut?
- Freust du dich im Herrn und vertraust du Ihm? Ist das für andere erkennbar?
- Ist dein Zuhause angemessen sauber und ordentlich oder chaotisch?
- Hast du einen guten Sinn für Humor und meist ein Lächeln im Gesicht?
- Was denkst du, welche Stimmung du in deinem Zuhause prägst? Was würde deine Familie dazu sagen?

Anregungen zum Gebet

Es ist die Freundlichkeit des Herrn, die uns zu Ihm zieht. Es sind Seine Verheißungen, die uns veranlassen, jedem Tag mit Freude entgegenzusehen. Er ist beständig, und wir können uns auf Ihn verlassen. Wir müssen nicht befürchten, in welcher Stimmung Er gerade sein könnte.

Sprich mit dem Herrn über die Freude, die dich erfüllt, wenn du daran denkst, wie Er ist. Bitte Ihn, dir dabei zu helfen, Ihm ähnlicher zu sein in der Stimmung, die du durch Seine Gnade in deinem Haus prägst. Danke Ihm für die Arbeit, die Er dir gegeben hat, und für deine Familie.

Empfehlenswerte Bücher zur Vertiefung

Elizabeth George

... DU ABER ÜBERTRIFFST SIE ALLE

Betanien
Bestell-Nr.: 175.947

Peter Schild

EINE FRAU, DIE ZU RÜHMEN IST

VOH-Verlag
Bestell-Nr.: 875.211

Nancy DeMoss Wolgemuth

DER SCHLÜSSEL ZUR FREUDE

CV Dillenburg
Bestell-Nr.: 271.477

3

Verantwortungs-bereiche

14.

Kommunikation

»Das soll nicht so sein, meine Brüder!« (Jak. 3,10). Jakobus bezieht sich hier auf die Worte, die aus unserem Mund kommen. Wie traurig, dass *»aus ein und demselben Mund … Loben und Fluchen hervor[geht]«.* Tragischerweise ist es möglich, in vielen Bereichen unseres Christenlebens gereift zu sein und doch oft zu versagen, wenn es darum geht, was wir sprechen.

Weil wir alle versagen und besonders versucht sein können, unserem Ehepartner gegenüber auf sündhafte Weise zu sprechen, müssen wir alle genau darauf achten, was Gott möchte, wie wir miteinander kommunizieren. Generell sollen wir wahrheitsgemäße Worte in Liebe sprechen, begleitet von angemessenen Umgangsformen und einem freundlichen Tonfall. Diese Art von Worten ist aufbauend und gibt dem Hörer Gnade (s. Eph. 4:29). Genauer gesagt, sollen unsere Worte zeigen, dass wir einander im Zweifelsfall vertrauen sollen. Mit anderen Worten: Beurteile die Beweggründe deines Ehepartners nicht negativ (Mt. 7,1-2; 1.Kor. 4,5). So verhinderst du, dass du emotional überreagierst und überempfindlich bist.

Wenn du weißt, dass dein Ehepartner etwas gegen dich hat, geh sofort zu ihm und versuche, die Sache zu klären (Mt. 5,24). *»Sei … schnell zum Hören«* und antworte erst, wenn die andere Person zu Ende gesprochen hat (Jak. 1,19; Spr. 18,13). Antworte nicht voreilig, sondern halte erst einmal inne und denke nach. Sprich in einem ruhigen, sanften Ton. Wenn du im Unrecht bist, ist es besonders wichtig, dass du es zugibst und um Vergebung bittest. Frag auch, wie du dich ändern sollst (Jak. 5,16; Spr. 12,15).

Benutze nicht das Schweigen, um dein Gegenüber zu bestrafen. Wenn du das tust, bist du unreif und grausam. Sei dir auch dessen bewusst, dass derjenige ein Narr ist, der mit unkontrolliertem Zorn reagiert. Egal, wie groß die Meinungsverschiedenheit mit deinem Ehepartner ist – es ist für dich immer möglich, Gott zu ehren, egal ob dein Ehepartner das tut oder nicht. Versuche, die Meinung des anderen zu verstehen, und berücksichtige, dass es stets unterschiedliche Auffassungen geben kann. Es hilft sehr, wenn du deinen Ehepartner als wichtiger ansiehst als dich selbst (Phil. 2,3).

Eine Kommunikation, die Gott ehrt, ist ein Bereich, in dem wir alle Schwierigkeiten haben. Arbeite hart an dieser biblischen Disziplin, und der Herr wird dir helfen, nachsichtig, aufbauend und liebevoll zu sein. Denke daran, dass du nicht nur mit deinen Worten kommunizierst, sondern auch mit deinem Tonfall und der Art, wie du deinen Ehepartner anschaust. Jeder Verstoß gegen einen dieser drei Bereiche der Kommunikation ist eine Sünde gegen Gott und deinen Ehepartner. Die schlechte Nachricht ist: *»Das soll nicht so sein!«* Die gute Nachricht ist jedoch, dass es in Christus nicht so zu sein braucht.

Fragen zur Reflexion und Anwendung

- Was denkst du, welche Stärken du in der Kommunikation hast? Was denkst du, welche Stärken dein Partner in der Kommunikation hat?
- In welchen Bereichen der Kommunikation hast du deiner Meinung nach Schwächen? In welchen Bereichen hat dein Ehepartner deiner Meinung nach Schwächen?
- Bemühst du dich, mit deinem Ehepartner darüber zu sprechen, d. h. euch über euer Leben auszutauschen? Wie viel Zeit verbringst du normalerweise jeden Tag mit deinem Partner?
- Hörst du auf das, was dein Partner dir sagen will, oder hast du dir schon eine Meinung darüber gebildet, was er sagen wird?
- Bist du voreilig und verletzend mit deinen Worten, oder überlegst du sorgfältig, was du sagen willst?
- Bist du sarkastisch, oder machst du dich über deinen Partner lustig?
- Unterbrichst du ihn gern?
- Bist du bereit, dich von deinem Partner für deine Schwächen zur Rechenschaft ziehen zu lassen?
- Was könntet ihr praktisch tun, um euch gegenseitig zu helfen, sobald die sündige Kommunikation beginnt?

Anregungen zum Gebet

Der Herr Jesus ist das lebendige Wort Gottes, und Er spricht durch Sein Wort, die Heilige Schrift, zu uns. Sein Wort ist wahr, und wir werden dadurch geheiligt. Es ist das Mittel, mit dem wir lernen, miteinander in rechter Weise zu kommunizieren. Durch Seine Gnade und durch Sein Wort lernen wir, liebevolle und erbauliche Worte zueinander zu sprechen.

Da du völlig von Seiner Barmherzigkeit und Gnade abhängig bist, bitte Ihn: *»Lass die Worte meines Mundes und das Sinnen meines Herzens wohlgefällig sein vor Dir, HERR, mein Fels und mein Erlöser!« (Ps. 19,15).*

Empfehlenswerte Bücher zur Vertiefung

Paul David Tripp

KRIEG DER WORTE

3L-Verlag
Bestell-Nr.: 863.817

Edward T. Welch

VON FÜRSORGE ZU SEELSORGE

3L-Verlag
Bestell-Nr.: 863.011

Wayne Mack

FAMILIE – DER ORT, AN DEM DU VERSTANDEN WIRST

CMV
Bestell-Nr.: 30887

15.

Prüfungen gemeinsam begegnen

Jede Beziehung ist mit Prüfungen verbunden. Ob ihr euch gerade erst kennenlernt oder schon fünfzig Jahre verheiratet seid – ihr werdet harte Zeiten erleben. Manchmal sind die Prüfungen darauf zurückzuführen, dass ihr eben beide Sünder seid, und Sünder sündigen leider gegeneinander. Zu anderen Zeiten werdet ihr andere Bewährungsproben erleben, wie z. B. eine unerwartete Budgetknappheit, einen Autounfall oder dass euch Familienmitglieder nicht gerade hilfreiche Wege aufzeigen, wie ihr euer Leben gestalten sollt.

Die wichtigste Hilfe, um auf jede Prüfung in einer Weise zu reagieren, die den Herrn ehrt, ist, die Prüfung aus biblischer Sicht zu betrachten. Wenn du einen Schritt zurücktrittst und dir die Prüfung anschaust – was auch immer es sein mag –, musst du Gott in dein Denken einbeziehen. Fast jeder Streit, jede wütende Reaktion, jede stressige Überlastung und jeder Ausbruch von Angst wird durch praktischen Atheismus verursacht. Auch wenn du sagst, dass du das Richtige über Gott und die Bibel glaubst, bist du praktisch ein Atheist, wenn du auf Prüfungen so reagierst, als würde Gott nicht existieren.

Natürlich existiert Gott. Er hat die volle Kontrolle über jede einzelne Prüfung. Wenn du ein wahrer Christ bist, ist Er in der Prüfung und mit ihr zu deinem Besten und zu Seiner Ehre am Werk. Er wird niemals zulassen, dass du über deine Belastbarkeitsgrenzen hinaus in Versuchung gerätst. Er wird dir immer die Gnade schenken, Ihn zu ehren, während du die Prüfung durchstehst. Da jedes Paar zu verschiedenen Zeiten auf verschiedenen Ebenen von Prüfungen erschüttert wird, müssen wir alle hart daran arbeiten, unser Verständnis von Prüfungen auf biblische Weise zu definieren, damit wir richtig auf sie reagieren können.

Jakobus 1,2-5 ist der erste von drei wichtigen Abschnitten, die dir helfen, deine Prüfungen in einer Gott ehrenden Weise zu betrachten:

> *»Meine Brüder, achtet es für lauter Freude, wenn ihr in mancherlei Anfechtungen geratet, da ihr ja wisst, dass die Bewährung eures Glaubens standhaftes Ausharren bewirkt. Das standhafte Ausharren aber soll ein vollkommenes Werk haben, damit ihr vollkommen und vollständig seid und es euch an nichts mangelt. Wenn es aber jemand unter euch an Weisheit mangelt, so erbitte er sie von Gott, der allen gern und ohne Vorwurf gibt, so wird sie ihm gegeben werden.«*

Der einzige Weg, wie du eine Prüfung als Freude betrachten kannst, ist gute Theologie! Durch den Glauben musst du dich daran erinnern, dass Gott hinter dieser Situation steht. Und nicht nur das: Er wirkt darin, um in dir und deinem Ehepartner christliche Reife zu erreichen. Und selbst dann gibt uns die Bibel noch die Zusicherung, dass wir Gott um Hilfe bitten können, wenn wir nicht die Weisheit haben, in unseren

Schwierigkeiten freudvoll zu sein, und Er wird uns erhören.

Die zweite kraftvolle Passage ist Römer 8,28-30:

> *»Wir wissen aber, dass denen, die Gott lieben, alle Dinge zum Besten dienen, denen, die nach dem Vorsatz berufen sind. Denn die Er zuvor ersehen hat, die hat Er auch vorherbestimmt, dem Ebenbild Seines Sohnes gleichgestaltet zu werden, damit Er der Erstgeborene sei unter vielen Brüdern. Die Er aber vorherbestimmt hat, die hat Er auch berufen, die Er aber berufen hat, die hat Er auch gerechtfertigt, die Er aber gerechtfertigt hat, die hat Er auch verherrlicht.«*

Es genügt nicht, bei der oft auswendig gelernten Stelle in Römer 8,28 stehenzubleiben, die besagt, dass alle Dinge zum Besten dienen. Die nächsten beiden Verse erklären, was dieses »Beste« bedeutet. Gott bewirkt durch jedes Ereignis im Leben Seiner Kinder Christusähnlichkeit. Man kann durchaus sagen, dass du als Christ schon vor deiner Geburt dazu vorherbestimmt wurdest, geheiligt zu werden, damit du Jesus ähnlich wirst. Das bedeutet zwar nicht, dass alles, was du erlebst, nach deinem Ermessen *das Beste ist*; aber es bedeutet, dass Gott alles, was du erlebst, zu Seiner Ehre und *zu deinem Besten* gestaltet.

Die letzte kraftvolle Passage, die Ehepaaren helfen soll, ihre Prüfungen auf gottgefällige Weise zu verarbeiten, ist 1. Korinther 10,13:

> *»Es hat euch bisher nur menschliche Versuchung betroffen. Gott aber ist treu; Er wird nicht zulassen, dass ihr über euer Vermögen versucht werdet, sondern Er wird zugleich mit der Versuchung auch den Ausgang schaffen, sodass ihr sie ertragen könnt.«*

Deine Prüfungen sind nie einzigartig; sie kommen bei Menschen häufig vor – oder bei Ehepaaren! Deine Prüfungen sind nie unerträglich. Deine Prüfungen sind nie unüberwindbar. Wenn du versucht bist, an einer der obigen Aussagen zu zweifeln, erinnere dich an 1. Korinther 10,13. Die Wahrheit von Gottes Wort ist ein starkes Gegenmittel gegen die Lügen des Fleisches und des Teufels.

Lass nicht zu, dass deine Beziehung wegen eines praktischen Atheismus leidet! Du musst inmitten deiner Prüfungen vor allem den Herrn ehren. Aber eure Beziehung wird revolutioniert werden, wenn ihr als Paar damit beginnt, dies zu tun. Wir alle werden mit Prüfungen konfrontiert, aber wir müssen uns nicht von ihnen überwältigen lassen. Durch die Gnade Gottes können wir über sie triumphieren.

Fragen zur Reflexion und Anwendung

- Gibt es einige Beispiele für Prüfungen, die ihr in letzter Zeit erlebt habt? Prüfungen, denen ihr gemeinsam begegnet seid, oder Prüfungen, die der jeweils andere verursacht hat?
- Wie lange dauert es normalerweise, bis ihr Gott in euer Denken einbezieht?
- Wer von euch fängt normalerweise zuerst an, wie ein Christ zu denken?
- Ermutigt ihr euch gegenseitig, dass ihr zwar nicht wisst, was jetzt auf euch zukommt, dass aber Gott es schon weiß, und dass Er euch beiden helfen wird, die Prüfung durchzustehen?
- Machst du deinem Partner die Last noch schwerer, oder machst du es ihm so leicht wie möglich?
- Gibt es Momente, in denen einer von euch beiden während eurer Prüfungen die Heilige Schrift in unangemessener Weise verwendet?
- Lasst ihr Stress aneinander aus, indem ihr wütend werdet oder euch zurückzieht?
- Zieht ihr vorschnell die schlimmstmöglichen Schlüsse und geratet in Panik?

- Kannst du deine Segnungen zählen, wenn du dich in einer Prüfung befindest?
- Weisen dich deine Freunde in der Gemeinde auf Gott hin, oder blasen sie mit dir Trübsal in schweren Zeiten?
- Erkennst du den Zusammenhang zwischen Glauben und einer gottgefälligen Reaktion auf Prüfungen?
- Wie könnt ihr euch gegenseitig helfen, Gott in euer Denken einzubeziehen?
- Betet ihr gemeinsam über die schwierigen Umstände?
- Erinnerst du dich und deinen Ehepartner an Gottes Güte und dankst Ihm für das, was Er dich lehrt?

Anregungen zum Gebet

Wenn eure Ehe harmonisch und gut verläuft, dankt Gott dem Vater für diesen Segen! Doch jede Prüfung, die eure Unbeschwertheit durchbricht, kommt auch von Ihm. Er wirkt in jedem Ereignis auf tausendfache Weise. Bittet Ihn, euch zu helfen, das nicht zu vergessen!

Bittet Ihn um Hilfe, auf die Prüfungen und aufeinander inmitten der Prüfungen so zu reagieren, dass ihr zeigt, dass ihr an Ihn glaubt und Ihm dankbar seid! Bekennt Ihm die Zeiten, in denen ihr so getan habt, als gäbe es Ihn nicht. Bittet Ihn, dass Er sich verherrlichen möge, indem Er euch Jesus ähnlicher macht, mit allen Mitteln, die Er für richtig hält.

Empfehlenswerte Bücher zur Vertiefung

D. Martyn Lloyd-Jones

UND GOTT GREIFT DOCH EIN

VOH-Verlag
Bestell-Nr.: 875.234

Jerry Bridges

GOTT VERTRAUEN

Francke
Bestell-Nr.: 331.254

16.

Konfliktbewältigung

Im Zimmer von zwei Kleinkindern kann es viele Spielsachen geben. Die Spielsachen können alle hell, glänzend, lustig und altersgerecht sein. Stell dir vor, dass sie gleichmäßig im Raum verteilt sind und die Kinder in der Mitte des Raumes stehen und jetzt spielen dürfen. Da beginnt das Drama! Es spielt keine Rolle, welches Spielzeug zuerst aufgehoben wird oder wer es aufhebt. Es ist eine universelle Wahrheit, dass das andere Kind genau dasselbe Spielzeug haben will. Das anschließende Chaos kann erst gelöst werden, wenn ein Erwachsener eingreift.

Meistens lautet die Frage der Erwachsenen: »Wer hatte dieses Spielzeug zuerst?« Zu diesem Zeitpunkt ist es eigentlich egal, denn beide Kinder sind wütend und schreien sich die Lunge aus dem Leib. Beide sind sündig und egoistisch, und es ist ihnen egal, wie der Konflikt gelöst wird. Manche Erwachsene sind ähnlich, aber alle Erwachsenen können durch Gottes Gnade lernen, jede Art von Konflikt so zu lösen, dass sie den Herrn ehren und ihrem Ehepartner Liebe entgegenbringen.

Ein Konflikt kann aufgrund einer Frage der Rechtschaffenheit, der Andersartigkeit oder der Selbstsucht entstehen. Ein Beispiel für einen Rechtschaffenheitskonflikt ist, wenn ein Ehepartner es in Ordnung findet, Pornografie anzuschauen, der andere aber nicht. Ein Konflikt aufgrund von Andersartigkeit entsteht, wenn ein Ehepartner das Wohnzimmer gelb streichen möchte und der andere grün. Konflikte aufgrund von Selbstsucht treten auf, wenn der Ehemann in jeder freien Minute, in der er nicht arbeitet, Golf spielt oder die Ehefrau die Rechnungen bezahlt und nur Geld für das hat, was *sie* kaufen möchte. Unabhängig davon, welche Ursache dem Konflikt zugrunde liegt, gibt es immer eine biblische Lösung.

Wenn es bei dem Konflikt um Rechtschaffenheit geht, ist die Antwort das, was die Heilige Schrift vorschreibt. Der verletzende Ehepartner, der es für akzeptabel hält, sich Pornografie anzuschauen, muss Buße tun und darf nicht länger das Fleisch zur Befriedigung seiner Lüste pflegen (s. Röm. 13,14). Wenn er oder sie nicht Buße tut, muss der Ehepartner die Richtlinien zur Gemeindezucht befolgen (Mt. 18,15-18). Das wäre sowohl für den Ehemann als auch für die Ehefrau sehr schwierig; aber dabei würde zumindest einer von beiden den hohen und heiligen Standard Gottes aufrechterhalten.

Wenn es bei dem Konflikt um Andersartigkeit geht, höre dir aufmerksam und liebevoll die Ansicht des anderen an. Versucht herauszufinden, ob ein Kompromiss gefunden werden kann oder ob es euch helfen würde, einen Rat einzuholen (in diesem Fall einen Rat zur Dekoration), um eine Farbe zu finden, die euch beiden gefallen könnte. Der Ehemann sollte seiner Frau gefallen wollen, aber letztendlich muss die Frau ihrem Mann gegenüber freundlich sein und sich gemäß der Heiligen Schrift unterordnen, denn die Wahl einer Wandfarbe ist keine Aufforderung zur Sünde.

Wenn der Konflikt durch Selbstsucht verursacht wird, muss der Selbstsüchtige Buße tun. Wenn du deinen Ehepartner mit seiner Selbstsucht konfrontierst, solltest du klare, konkrete Beispiele nennen. Wenn er oder sie dir nicht zustimmt, solltet ihr euch gemeinsam beraten lassen, damit eine dritte Person eine biblische Einschätzung darüber abgeben kann, ob es ein Problem mit der Selbstsucht gibt oder nicht.

Es gibt kein Problem, wie groß oder klein es auch sein mag, das nicht auf biblische Weise gelöst werden könnte, denn Gott hat den Gläubigen *»alles geschenkt …, was zum Leben und [zum Wandel in] Gottesfurcht dient« (2.Pt. 1,3).* Konflikte müssen mit Hilfe biblischer Kommunikation auf eine Gott ehrende Weise angesprochen werden. Es gibt keine Sünde, die nicht durch Gottes Gnade bereut werden könnte, und keinen Beziehungskonflikt, der nicht beigelegt werden könnte, wenn beide Personen bereit sind, sich zu demütigen und in rechter Art und Weise vorzugehen. Es ist zwar mühsam, Probleme auf biblische Weise zu lösen; aber das Ergebnis, die Verherrlichung Gottes, verheißt ewigen Lohn sowie Segen für das Hier und Jetzt in deiner Ehe.

Fragen zur Reflexion und Anwendung

- Wann gab es das letzte Mal einen Konflikt zwischen dir und deinem Ehepartner?
- War der Konflikt auf eine Frage von Rechtschaffenheit, Andersartigkeit oder Selbstsucht zurückzuführen?
- Gab es etwas, das du während des Konflikts falsch gemacht hast?
- Gab es noch etwas, das dein Ehepartner deiner Meinung nach falsch gemacht hat, abgesehen von dem, was bereits in der vorherigen Frage erwähnt wurde?
- Wenn du den Konflikt noch einmal durchleben könntest, was würdest du anders machen?
- Bleibst du bei Konflikten bei dem aktuellen Thema oder bringst du die Vergangenheit zur Sprache?
- Sagst du die Wahrheit in einem liebevollen Ton?
- Versuchst du, den Standpunkt deines Partners zu verstehen?
- Ist es dir wichtiger, Liebe zu zeigen oder deinen eigenen Kopf durchzusetzen?
- Ist es dir wichtiger, Gott zu verherrlichen oder deinen eigenen Willen durchzusetzen?

Anregungen zum Gebet

Jeder Konflikt erinnert uns an den schlimmsten Konflikt, den persönlichen Konflikt, den wir aufgrund unserer Sünde mit Gott hatten. Es gab nur *eine* Lösung, und zwar den Tod Seines Sohnes am Kreuz.

Er ist der allmächtige, heilige Gott, der Seinen Zorn auf Seinen geliebten Sohn ausgegossen hat, damit wir Frieden mit Gott und den übernatürlichen Frieden von Gott haben können. Aufgrund dessen, was Er für uns getan hat, können diejenigen von uns, die glauben, zumindest die Möglichkeit haben, Konflikte mit anderen zu lösen und nicht zu sündigen.

Bittet unseren himmlischen Vater um Demut, Sanftmut, Geduld und Liebe im Umgang miteinander, damit ihr die Einheit bewahrt, die Er sich wünscht, und damit ihr Ihn verherrlichen könnt.

Empfehlenswerte Bücher zur Vertiefung

Ken Sande

SEI EIN FRIEDENSSTIFTER

Betanien
Bestell-Nr.: 176.306

Randy Alcorn

BEHÜTE DEIN HERZ

CLV
Bestell-Nr.: 256.153

Timothy S. Lane und Paul David Tripp

BEZIEHUNGEN – EIN WEG ZUM GEISTLICHEN WACHSTUM

3L-Verlag
Bestell-Nr.: 863.880

17.

Geldangelegenheiten in der Ehe

Geld ist so wichtig in einer Ehe. Wir sind Verwalter von allem, was Gott uns anvertraut hat. Wir müssen genug Geld verdienen, um unsere Familien zu versorgen. Geld kann ein Mittel sein, um unsere Ehe durch aufmerksame Geschenke wie Blumen oder einen notwendigen Urlaub zu bereichern. Geld bietet auch die Möglichkeit, dem Herrn zu dienen, indem wir gemeinsam für die Gemeinde, die Bedürftigen und die Missionsarbeit spenden.

Geld ist so unwichtig in einer Ehe. Man braucht nicht viel Geld, um ein glückliches Zuhause zu haben.

Während manche Paare fieberhaft daran arbeiten, sich schöne Dinge anzuschaffen, haben andere Paare die Wahrheit von Sprüche 15,17 entdeckt, wo es heißt: *»Besser ein Gericht Gemüse mit Liebe, als ein gemästeter Ochse mit Hass.«*

Gott hat jedem von uns sein Geld gegeben. Er benutzt es in unserem Leben, um uns zu prüfen. Oft verrät das Geld, was in unseren Herzen vorgeht. Unsere Prioritäten werden durch unsere Kontoauszüge oder unsere Kreditkartenabrechnungen sichtbar. Wenn Paare durch Geldangelegenheiten geprüft werden, ist nicht das Geld das Problem, auch wenn es daran mangelt – der Charakter des Paares ist das, was geprüft wird. Versteckte strukturelle Schwachstellen in der Ehe werden durch finanzielle Nöte aufgedeckt.

Die Bibel ist das Hilfsmittel, das der Herr den Ehepaaren an die Hand gegeben hat, um sie in allen Bereichen ihres Lebens zu leiten. Der finanzielle Bereich ist da keine Ausnahme. Auch wenn der Platz in diesem Kapitel nicht ausreicht, um das Thema auszuschöpfen – die Bibel sagt mehr über Geld als über Himmel und Hölle zusammen –, sollten wir uns doch an einige Wahrheiten erinnern.

All dein Geld gehört letztendlich dem Herrn, und Er hat dir das anvertraut, was du hast, damit du es recht verwaltest. Da es Sein Geld ist, das Er dir geliehen hat, sollst du deine Mittel zu Seiner Ehre einsetzen. In Psalm 50,10 erinnert uns Gott daran, dass *»alle Tiere des Waldes, das Vieh auf tausend Bergen«*, Ihm gehören. Alles in deinem Portemonnaie und in deiner Garage gehört Gott!

Auch wenn die Anwendung umfassender ist, spricht 1. Korinther 4,7 davon, dass Gott uns alles geschenkt hat, was wir haben.

> *»Denn wer gibt dir den Vorzug? Und was besitzt du, das du nicht empfangen hast? Wenn du es aber empfangen hast, was rühmst du dich, als ob du es nicht empfangen hättest?«*

Obwohl Paare oft davon ausgehen, dass sie völlig frei darüber verfügen könnten, wie sie ihr Geld verwenden möchten, stimmt das nicht. Was Gott dir gegeben hat, soll so eingesetzt werden, wie Er es beabsichtigt.

Aus dieser allgemeinen Wahrheit ergeben sich mehrere weitere Wahrheiten. Vertraue Gott hinsichtlich deiner Versorgung. Wie viele Paare streiten sich wegen der Sorge, wie sie die Rechnungen bezahlen sollen! Anstatt euch gegenseitig anzuschreien, solltet ihr das tägliche Brot von Gott erwarten.

> *»Trachtet vielmehr zuerst nach dem Reich Gottes und nach Seiner Gerechtigkeit, so wird euch dies alles hinzugefügt werden« (Mt. 6,33).*

Strebe danach, großzügig zu sein. Für die Zukunft zu planen ist weise (Spr. 6,6-8), aber zu horten ist sündhaft. Es ist in Ordnung, sich an guten Dingen zu erfreuen, die der Herr bereitgestellt hat (1.Tim. 4,4); aber wie viele bekennende Christen kennst du, die vom Materialismus berauscht sind?!

> *»Den Reichen in der jetzigen Weltzeit gebiete, nicht hochmütig zu sein, auch nicht ihre Hoffnung auf die Unbeständigkeit des Reichtums zu setzen, sondern auf den lebendigen Gott, der uns alles reichlich zum Genuss darreicht. Sie sollen Gutes tun, reich werden an guten Werken, freigebig sein, bereit, mit anderen zu teilen, damit sie das ewige Leben ergreifen und so für sich selbst eine gute Grundlage für die Zukunft sammeln« (1.Tim. 6,17-19).*

Du brauchst ein Budget. Wenn ich heute Abend vorbeikomme, könntest du mir dann deinen Budgetplan zeigen? Würde er alle Gelder enthalten, für die du im Monat verantwortlich bist? Bist du dir mit deinem Ehepartner einig, was die Beträge in den einzelnen Kategorien angeht? Bemüht ihr euch gemeinsam darum, in jeder Kategorie innerhalb des eingeplanten Budgets zu bleiben? Wenn ihr keinen Budgetplan habt, an den ihr euch haltet, wisst ihr dann, wie viel von dem Geld des Herrn ihr vergeudet? Paare, die lernen, mit einem Budgetplan umzugehen, sind nicht nur bessere Verwalter des Geldes des Herrn, sondern haben auch Freude daran, es auszugeben, weil sie wissen, dass sie es verantwortungsvoll verwenden.

Hüte dich vor Kreditkarten! Sie können zwar nützlich sein, aber viele Paare verschulden sich, weil sie über ihre Verhältnisse leben und dann die Kreditkartenzahlungen nicht mehr bewältigen können. Die Zinsen für manche Kreditkarten betragen mehr als 20 Prozent. Mindestzahlungen zu solchen Zinssätzen sind ein sicherer Weg in den finanziellen Ruin. Wenn das bei deiner Familie der Fall ist – STOP! Tue Buße für alle unsinnigen Ausgaben. Zerschneide die Karten. Beginne, nach einem Budgetplan und im Rahmen deiner Möglichkeiten zu leben. Tilge die Schulden und weigere dich, sie zu erhöhen. Geh nicht mehr einkaufen, außer für das Allernotwendigste; sonst findest du etwas, von dem du nicht wusstest, dass es das gibt, und gerätst in Versuchung, es impulsiv zu kaufen. Lass dir von gottesfürchtigen Leitern in deiner Gemeinde helfen und werde rechenschaftspflichtig.

Setze dir finanzielle Ziele. Wenn ihr als Mann und Frau über die finanzielle Situation eurer Familie sprecht, nehmt euch Zeit, um einige Sparziele festzulegen. Diese Ziele können geistlich ausgerichtet sein, wie zum Beispiel das Sparen für eine Missionsreise. Oder sie können für eine besondere Reise für euch beide gedacht sein. Es ist auch wichtig, einen Notfallfonds einzurichten.

Auch wenn die Ehemänner für das allgemeine Wohlergehen des Hauses, einschließlich der Finanzen, verantwortlich sind, sind die Ehefrauen von Gott dazu bestimmt, den Männern zu helfen. Die Mitwirkung der Ehefrau bei der Planung und Umsetzung des Familienbudgets ist wichtig. Sowohl der Ehemann als auch die Ehefrau werden bessere und glücklichere Verwalter der Güter des

Herrn sein, wenn beide Parteien ihren Beitrag dazu leisten.

Geld muss in einer Ehe kein Problem sein, aber es muss biblisch darüber nachgedacht und damit umgegangen werden. Geld ist ein Test, der mit Bravour bestanden werden kann, wenn Paare versuchen, Gott mit ihren Gütern zu ehren. Denkt daran: *»Wenn wir aber Nahrung und Kleidung haben, soll uns das genügen« (1.Tim. 6,8).*

Fragen zur Reflexion und Anwendung

- Habt ihr eine klare Perspektive auf die Tatsache, dass alle eure Güter Gott gehören?
- Wie geht ihr mit Seinem Geld um?
- Wie viel Geld habt ihr in letzter Zeit gespendet?
- Habt ihr einen funktionierenden Budgetplan?
- Spiegelt euer Budgetplan genau das wider, wofür ihr verantwortlich seid?
- Habt ihr als Ehepartner beide an der Erstellung des Budgetplans mitgewirkt?
- Sind die Salden eurer Kreditkarten jemals ausgeglichen?
- Wie sieht euer Plan aus, um Schulden abzubauen, insbesondere Kreditkartenschulden?
- Habt ihr finanzielle Ziele?
- Vertraut ihr in Bezug auf eure Finanzen auf Gott?
- An wen würdet ihr euch wenden, wenn ihr Hilfe bei der Organisation eurer Finanzen braucht?

Anregungen zum Gebet

Die Geldfrage ist eine Prüfung für jede Ehe. Manchmal mag es euch sehr gut gelingen, mit all den Mitteln umzugehen, die Er euch anvertraut hat. Bekennt Ihm, wenn ihr darin versagt habt, wenn eure Habgier offenbar wird, ebenso wie eure Unachtsamkeit und Gedankenlosigkeit.

Bittet Ihn, dass eure Kreditkarte »Gott sei gepriesen!« ruft, weil sie jeden Monat ausgeglichen ist. Bittet Ihn, dass euer Bankkonto Ihn preist, weil ihr es als Werkzeug benutzt habt, um Sein Reich zu fördern. Bittet Ihn darum, dass eure Budgetplanungen Zeiten der Anbetung und der Dankbarkeit sind, in denen ihr Seine Güte preist und die Gnade, die Er euch geschenkt hat, um treue Verwalter zu sein.

Empfehlenswerte Bücher zur Vertiefung

Phillip F. Foley

GOTTES WORT UND MEIN GELD

EBTC
ISBN: 9783947196265

John MacArthur

WEM GEHÖRT DAS GELD?

Betanien
Bestell-Nr.: 185.983

Randy Alcorn

GELD, BESITZ UND EWIGKEIT

3L-Verlag
Bestell-Nr.: 863.875

18.

Intimität in der Ehe

Es gibt heute mehr Informationen über das Thema Sex als je zuvor. Es gibt technische Handbücher und Ratgeber darüber, wie man romantisch sein kann. Es gibt weltliche und christliche Bücher zu dieser Thematik. Es gibt dazu sowohl legale als auch illegale Bücher. Jeder hat eine Meinung über Sex. Es gibt inzwischen Ärzte, die sich darauf spezialisiert haben, und es gibt sogar eine angebliche Krankheit, die danach benannt ist: Sexsucht. Es gibt kaum einen Film oder eine Serie, in der das Thema Sex nicht vorkommt. Bei all diesen leicht zugänglichen Informationen sollte man meinen, dass jeder gut informiert, ja so etwas wie ein Experte und frei von Problemen in diesem Bereich seiner Ehe sei. Das ist jedoch nicht der Fall. Sex ist oft ein Grund für Konflikte oder verletzte Gefühle zwischen Ehemännern und Ehefrauen.

Obwohl jedes Problem, das ein Paar hat, in Liebe besprochen werden sollte, während man sich um die Weisheit Gottes bemüht, ist Sex ironischerweise oft ein Thema, das wie die Pest gemieden wird. Sex in der Ehe soll rechtschaffen sein und Gott verherrlichen. Es ist ein Geschenk, das den Paaren zu ihrer Freude und zur Zeugung von Kindern gemacht wurde. Aber wie jede andere Fähigkeit muss auch die körperliche Liebe zwischen Mann und Frau erlernt und geübt werden, damit man gut darin wird. Übung und gute Kommunikation machen den Meister!

Körperliche Intimität sollte ein liebevoller Akt sein, bei dem Mann und Frau versuchen, dem anderen zu gefallen. Keiner von beiden sollte versuchen, seinem Ehepartner sündige Begierden aufzudrängen, und das schließt auch Grauzonen ein, die das Gewissen der Frau oder des Mannes verletzen würden, wenn sie daran teilnähmen. Stattdessen sollte jeder Ehepartner in diesem Bereich rein vor dem Herrn sein und *»die Ehe … in Ehren [halten] … und das Ehebett unbefleckt«* (Hebr. 13,4).

Um vor dem Herrn rein zu sein, müssen die beiden Ehepartner sich (wie es im traditionellen Eheversprechen heißt) »nur füreinander« bewahren. Mit anderen Worten: Sie sollten nicht nur äußerlich, sondern auch in ihrem Herzen treu sein. Das bedeutet, dass keiner von beiden romantische oder sexuelle Fantasien über andere Personen hegen sollte. Es hilft, wenn weder Mann noch Frau das Fleisch pflegen, wie zum Beispiel Pornografie konsumieren, sinnliche Filme, Seifenopern oder Liebesromane (s. Röm. 13,12-14).

Keiner der Ehepartner sollte dem anderen die körperliche Intimität vorenthalten. Jeder von ihnen kann und muss die Autorität und Verantwortung haben, mit dem Sex zu beginnen (1.Kor. 7,3-5). Deshalb sollte Sex ein regelmäßiger Bestandteil des Ehelebens sein, damit beide Ehepartner erfüllt sind und nicht unnötig mit der Begierde zu kämpfen haben. Wenn ein Paar aufgrund von Krankheit, der Arbeit des Mannes oder anderen Umständen getrennt ist, wird Selbstbeherrschung zum biblischen Leitprinzip.

Denke daran, dass Sex zwischen Mann und Frau Gott verherrlichen und ein Segen für beide sein soll, während sie versuchen, dem anderen Liebe zu zeigen.

Fragen zur Reflexion und Anwendung

- Sparst du Zeit und Energie auf, um mit deinem Partner Sex zu haben?
- Bist du sauber und riechst du gut, wenn ihr zusammenkommt?
- Akzeptierst du wohlwollend ein Nein, wenn dein Partner Abneigung gegen eine bestimmte Handlung äußert oder Bedenken hat, dass eine bestimmte Handlung sündhaft sein könnte?
- Konzentrierst du dich beim Liebesakt auf das, was deinem Ehepartner gefallen würde?
- Ehefrauen, redet ihr mit eurem Mann und sagt ihm, wie er euch ein guter Liebhaber sein kann?
- Ehemänner, sprecht ihr mit eurer Frau und sagt ihr, wie sie euch eine gute Liebhaberin sein kann?
- Hast du ein Problem mit deiner sexuellen Leidenschaft?
- Was kann dein Mann oder deine Frau tun, damit es dir leichter fällt, nicht in die Versuchung der Wollust zu geraten?

- Fühlt ihr euch beide, als Mann und Frau, frei, mit Sex zu beginnen?
- Wenn einer von euch beiden durch die Vorsehung daran gehindert wird, haltet ihr dann eure Eheversprechen ein?
- Habt ihr regelmäßig Sex, oder lebt ihr eher wie Bruder und Schwester zusammen?

Anregungen zum Gebet

Unser Gott ist rein und heilig. Er hat Seinen hohen und heiligen Standard für die körperliche Intimität in der Ehe festgelegt. Er hat sie euch als Geschenk gegeben, damit ihr euch daran erfreut.

Bittet Ihn um Hilfe, einander nicht nur äußerlich, sondern auch in euren Herzen treu zu sein. Bittet Ihn, dass Er euch hilft, nicht egoistisch zu sein, sondern liebevoll und großzügig miteinander umzugehen. Bittet Ihn, dass ihr dieses heilige Vertrauen, das Er euch geschenkt hat, in einer Weise nutzt, die Ihn verherrlicht!

Empfehlenswerte Bücher zur Vertiefung

Paul David Tripp

VERLIEBT, VERLOBT, VERHEIRATET, VERZWEIFELT?

EBTC
ISBN: 9783969571156

John Piper und
Justin Taylor (Hrsg.)

SEX UND SEIN ERFINDER

Betanien
Bestell-Nr.: 177.306

19.

Elternschaft

Kinder sind ein Segen des Herrn und bringen mit ihrem Lachen und Spielen viel Freude in jedes Zuhause. Sie bringen aber auch eine Menge Verantwortung für die Eltern mit sich. Natürlich sollen die Eltern ihre Kinder ernähren, beschützen und sauber halten; aber darüber hinaus haben sie noch eine viel wichtigere Verantwortung. Diese Verantwortung besteht darin, *»sie ... in der Zucht und Ermahnung des Herrn [aufzuziehen]«* *(Eph. 6,4).*

So wertvoll Kinder auch sein mögen, sie werden nicht mit der Liebe zu Gott und zu anderen geboren. Sie werden jedoch so geboren, dass sie *eine* Person sehr lieben – nämlich sich selbst! Die

Torheit steckt in ihren Herzen, und sie sind von Geburt an Sünder (Spr. 22,15). Was sollen die Eltern da tun? Die Antwort lautet: *»Zieht sie auf in der Zucht und Ermahnung des Herrn«*, und zwar jeden Tag. Eine Möglichkeit dazu ist, dass Mama und Papa ihren Kindern ein gottesfürchtiges Christenleben vorleben. Andernfalls reizen sie ihre Kinder unnötig zum Zorn (Eph. 6,4; Kol. 3,21).

Das Vorbild deines Lebens ist nur eine Möglichkeit, sie im Herrn anzuleiten. Andere Mittel sind der treue Besuch der Sonntagsschule und der Gemeinde, die Gemeinschaft mit anderen Gläubigen, Familienandachten und das Gebet. Eltern müssen selbst lernen, biblisch zu denken, bevor sie ihrerseits ihre Kinder unterweisen können. Zum Beispiel sollten die Eltern ihrem Kind beibringen, in Begriffen der biblischen Liebe zu denken. »Mein Sohn, ich möchte, dass du still dasitzt und wartest, während ich das Abendessen fertig koche. Auf diese Weise kannst du mir deine Liebe zeigen; denn die Bibel lehrt, dass die Liebe geduldig ist« (1.Kor. 13,4).

Eltern sollen nicht nur mit ihrem Lebenswandel Vorbilder sein und ihr Kind unterweisen, sondern sie sollen ihre Kinder auch disziplinieren. Das kurzfristige Ziel ist, dass deine Kinder bei der ersten Anweisung, die du ihnen gibst, freundlich gehorchen, während du in einem normalen Tonfall sprichst. Bestrafe sie in Liebe und reagiere nicht unangemessen. Ein jüngeres Kind sollte jedoch anders diszipliniert werden als ein älteres Kind. Das langfristige Ziel ist, dass sich dein Kind Gott unterwirft. Natürlich kann nur Gott dein Kind erretten; aber in der Zwischenzeit kannst du deinen Kindern das Evangelium vermitteln und für ihre Errettung beten.

Wenn du deinem Kind das Evangelium vermittelst, sei dir bewusst, dass die bloße Bitte, Jesus in sein Herz aufzunehmen, nicht das Evangelium ist. Sag ihnen die Wahrheit: Gott ist heilig, und du bist ein Sünder. Weil du ein Sünder bist, verdienst du es, für deine Sünde bestraft zu werden. Der Herr Jesus Christus, der fleischgewordene Gott, kam auf die Erde und starb am Kreuz für Sünder. Mit anderen Worten: Er nahm die Strafe auf sich, die sie verdient haben. Die Bibel sagt uns, dass wir uns nicht selbst retten können, aber wir können Gott um Seine Gnade bitten, dass Er uns vergibt und uns errettet. Die Bibel sagt: *»Glaube an den Herrn Jesus Christus, so wirst du gerettet werden«* (*Apg. 16,31*). Du wirst deinen Kindern diese Wahrheiten und noch mehr beibringen wollen. Säe weiterhin kleine Samenkörner der Wahrheit, während du mit ihnen zusammen durchs Leben gehst.

Elternschaft ist eine große Freude, und Kinder sind ein Segen Gottes. Habt Freude an euren Kindern und arbeitet gemeinsam daran, sie *»in der Zucht und Ermahnung des Herrn [aufzuziehen]«* (*Eph. 6,4*).

Fragen zur Reflexion und Anwendung

- Seid ihr konsequent darin, eure Kinder in der Zucht und Ermahnung des Herrn zu erziehen?
- Ist einer von euch oder seid ihr beide zu hart oder zu nachsichtig zu den Kindern?
- Seid ihr euch in der Regel über die Art und Strenge der Disziplinierung einig?
- Ergreifen beide Elternteile die Initiative bei der Disziplinierung?
- Sprecht ihr beide mit den Kindern über den Herrn?
- Nehmt ihr euch treu die Zeit, um die Kinder im Herrn zu unterweisen?
- Fallen dir Beispiele ein, wie du besser mit den Kindern umgehen kannst?
- Weißt du, wie du eurem Kind das Evangelium vermitteln kannst?
- Was sind die Stärken und Schwächen jedes einzelnen eurer Kinder?
- Was kannst du tun, um euren Kindern bezüglich ihrer Schwächen zu helfen?
- Was kannst du tun, um die Stärken eurer Kindern zu fördern?

Anregungen zum Gebet

Kinder sind ein Segen von unserem himmlischen Vater. Sein Wort gibt uns viele Anweisungen, wie wir sie aufziehen sollen. Es warnt uns auch davor, sie zum Zorn zu reizen.

Bittet Ihn, Ihm ähnlicher zu werden, indem ihr sie mit großer Geduld erzieht und sie mit großer Liebe diszipliniert. Bittet Ihn darum, eure Kinder zu erretten, damit sie Ihm Ehre und Ruhm geben können.

Empfehlenswerte Bücher zur Vertiefung

Tedd Tripp

KINDERHERZEN PRÄGEN

Verein fröhliche Familien
Bestell-Nr.: 306.353

D. Martyn Lloyd-Jones

BIBLISCHE ERZIEHUNG

VOH-Verlag
Bestell-Nr.: 875.286

Paul David Tripp

PAPA SEIN, MAMA SEIN

CLV
Bestell-Nr.: 256.651

In der heutigen Welt ist die Familie – einst das Fundament unserer Gesellschaft – zu einem Ort der Unsicherheit und des Konflikts geworden. Die biblische Ehe und Familie wird pervertiert und lächerlich gemacht, und die Einheit in den Familien zerbricht immer mehr. Und wir fragen uns:

Wie können wir eine gesunde und gut funktionierende Familie aufbauen?

Welche Werte sollten wir unseren Kindern vermitteln, damit sie ein tragfähiges Fundament für ihre Zukunft haben?

Wie sieht eine biblische Eltern-Kind-Beziehung aus?

Martyn Lloyd-Jones wendet sich gegen unbiblisches Denken, das in viele christliche Familien eingedrungen ist, und lädt Eltern und Kinder, Verheiratete und Unverheiratete ein, die biblischen Prinzipien für die Familie neu zu entdecken, die eigenen Grundsätze an der Heiligen Schrift zu überprüfen und, wo es nötig ist, zu korrigieren.

Wie kann man ein glückliches Zuhause haben? Wie können wir unseren Kindern in einer Welt, die der Ordnung Gottes für eine Familie feindlich gegenübersteht, eine solide Grundlage vermitteln?

Matthew Henry beschreibt in diesem Buch die Schönheit einer Familie, in der Gott im Zentrum steht, die Ihn anbetet und für Ihn lebt, einander liebt und füreinander betet. Henry appelliert besonders an Familienväter, dass sie ihre großartige Pflicht und Verantwortung wahrnehmen, ihre Familie in der Gottesfurcht zu leiten, als solche, die darüber Rechenschaft ablegen müssen. Dann erklärt er, was eine christliche Familie ausmacht, und zeigt einige Motive für eine Familie mit Gott im Zentrum auf. Und schlussendlich gibt Henry wertvolle Ratschläge für eine von Gott gesegnete Familie.

Dieses Buch ist eine Ermutigung insbesondere für Väter, aber auch für junge Männer, aus ihrem Zuhause ein gesundes geistliches Umfeld zu machen. Abgesehen von dem wertvollen Inhalt macht auch das hochwertige Design das Buch zu etwas Besonderem.

… sagt allezeit Gott,
dem Vater, Dank für alles,
in dem Namen unseres
Herrn Jesus Christus;
ordnet euch einander unter
in der Furcht Gottes!

Epheser 5,20-21